図解 心と行動がよくわかる

発達障害の話

公認心理師・言語聴覚士・社会福祉士
湯汲英史 監修
Eishi Yukumi

日本文芸社

はじめに

この本では、いわゆる「発達障害」について触れています。私が知的障害、発達障害と関わるようになってから、50年近くが経とうとしています。この間に、発達に関係する障害の見方や理解の仕方、社会の受け入れ方などが大きく変化してきました。オフィスビルで働く姿など、以前は想像することもできませんでした。それが当たり前の風景になってきています。社会での受け入れは広がり、働く場所も仕事の内容も変わってきました。当然ですが、教育の内容も変化しています。

障害と言っても、身近でない人にはそれをイメージすることは難しいかもしれません。この本では、発達障害についての区分けの仕方を、その特徴とともにお伝えします。特徴と言っても、人ですからひとり一人に違いがあります。特に、障害や性格などの面では、まったく同じと言う人はいません。また、年齢や育った環境、生きている社会が違えば「個性的」な人々ばかりとも言えます。区分けの仕方はあっても、「ひとり一人違う」というのが大前提です。付き合っていくうちに、その人のことがわかってくるでしょう。

障害があれば、何らかの社会的支援が必要なことが多いでしょう。この支援は、医療、福祉、教育、仕事、暮らし、相談など多岐にわたります。ただし、多岐にわたることについてすべて述べることはできません。充実した人生を過ごすためには、多様な助けが必要となります。この助けが必要という点では、私たちと変わりはありません。

障害者と言われている人の意識も変わってきました。働く場所だけではなく、行動範囲も広がっています。地域の博物館や観光地などの、街中でも見かけることが多くなりました。少しずつですが、自分の意見を言える人も増えてきました。

ただ、知識としての「障害」の世界は、さほど変わったわけではありません。現実の方がダイナミックに動いています。この本では、できるだけ整理した形で説明しているつもりですが、まだまだ完全なものではありません。読者の方々には本書を通じて、さまざまな新しい情報から、動いている「障害観」にも触れていただきたいと思います。

公認心理師／言語聴覚士／社会福祉士　湯汲 英史（ゆくみ えいし）

Contents

PART 2 発達障害の子どもによくある症状&対処法

PART 3 発達障害の人が見ている世界

PART 1

そもそも「発達障害」ってなんだろう？

01 「もしかして自分って発達障害？」と思ったら

症状がある＝発達障害ではない

「発達障害」は、**「生まれつき少し変わった脳の特性を持っている人」のことをさします。**その結果、「人とコミュニケーションがうまくとれない」「単純ミスが多い」「落ち着きがない」「遅刻や忘れ物が多い」といったさまざまな症状が現れます。

近年、こうした発達障害の症状に関する情報が広まったことで、学校や会社に馴染めない自分、生きづらさを感じている自分に対して「もしかして、自分は発達障害かも……」と悩んだり、身の回りにいる「ちょっと個性的な人」「付き合いにくい人」「空気の読めない人」に対して、「あの人は発達障害ではないか？」と考えたりする人が増えているようです。また、子どもの様子が少し他の子と違ったり、学校の教師から指摘されたりすることで「もしかして、うちの子は発達障害かも……」と保護者の方が悩むケースも増えています。おそらく、こうした思いから、本書を手にとった方も少なくないでしょう。

しかし、**発達障害と診断されるには一定の基準が定められており、「症状が当てはまる＝発達障害」ではありません。**そもそも、前述したような症状は誰しもが大なり小なり持っているものですので、安易に判断することはできないのです。

とはいえ、発達障害は珍しいものでないので、実際に自分や家族、周りの人が発達障害である可能性も捨てきれません。そこで、まずは「発達障害」の正しい情報を知り、そのうえでしっかり考えてみることが重要です。

少しだけ脳の構造が人と違う「発達障害」

02 発達障害と診断される人は年間約50万人!?

発達障害は急速に増加中！

発達障害が広く認知されるようになった背景には、発達障害と診断される人が増えてきたという事実もあります。厚生労働省が平成28年に行った「平成28年生活のしづらさなどに関する調査（全国在宅障害児・者等実態調査）」では、**発達障害と診断された人は推計で48万1０００人にのぼり、約２５０人にひとりの割合となっています。**

平成23年の同調査では、発達障害と診断された人は推計で31万8０００人であったため、5年間で16万3０００人も増えました。医学的には、発達障害になる人が急激に増加する要因が見当たらないため、発達障害というものが世間に広く知られてきたことで、「もしかして？」と受診する人が増えた結果、診断される人も増えたと考えてよいでしょう。

性別でみると、男性が33万1０００人（69%）、女性が14万4０００人（30%）となっており、男性の方が女性より約2倍多いという結果が出ています。これは、**女性の方が発達障害の特性の一部が表面化しにくいことが影響していると考えられます。**

また、発達障害と診断された年齢ですが、最も多いのは10～19歳で12万2０００人（25%）、ついで20～29歳の10万7０００人（22%）、0～9歳の10万3０００人（21%）となっています。しかし、20歳までに発達障害と診断される割合は46%に過ぎず、**発達障害の半数が20歳以降になってから診断されているのです。**つまり、子どものころからの特性が、ずっと見逃されていたということなのです。

日本人の約250人にひとりが発達障害

発達障害と診断された人　48万1000人（推計値）

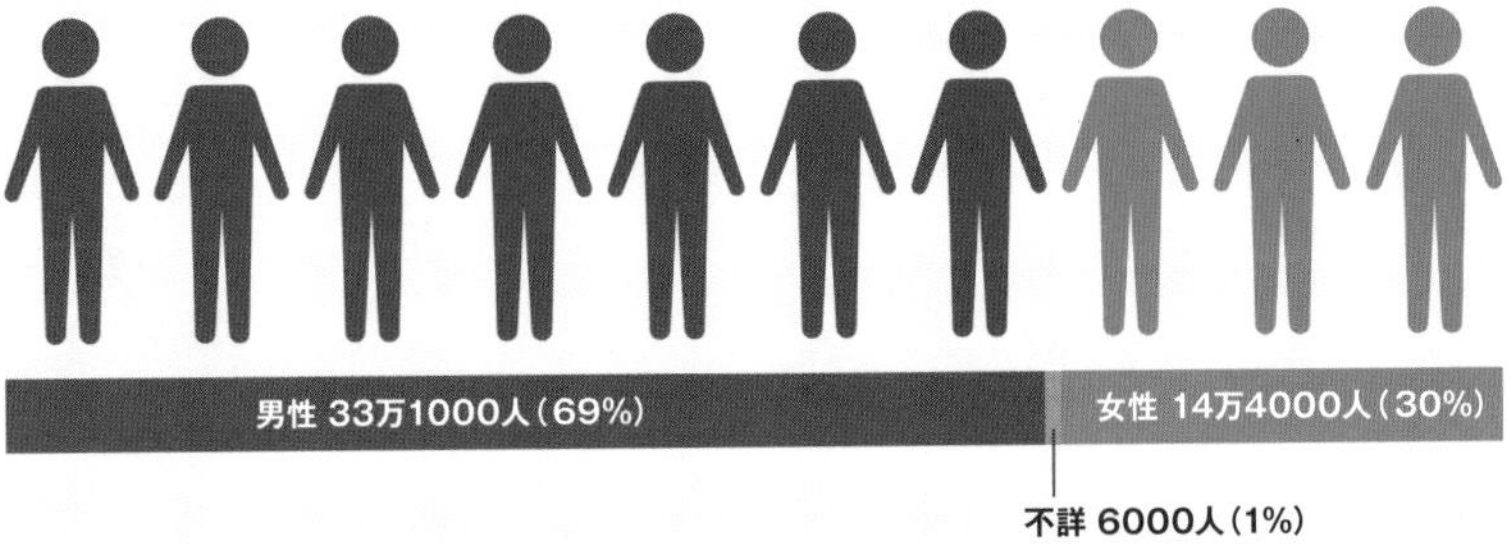

発達障害と診断された年齢

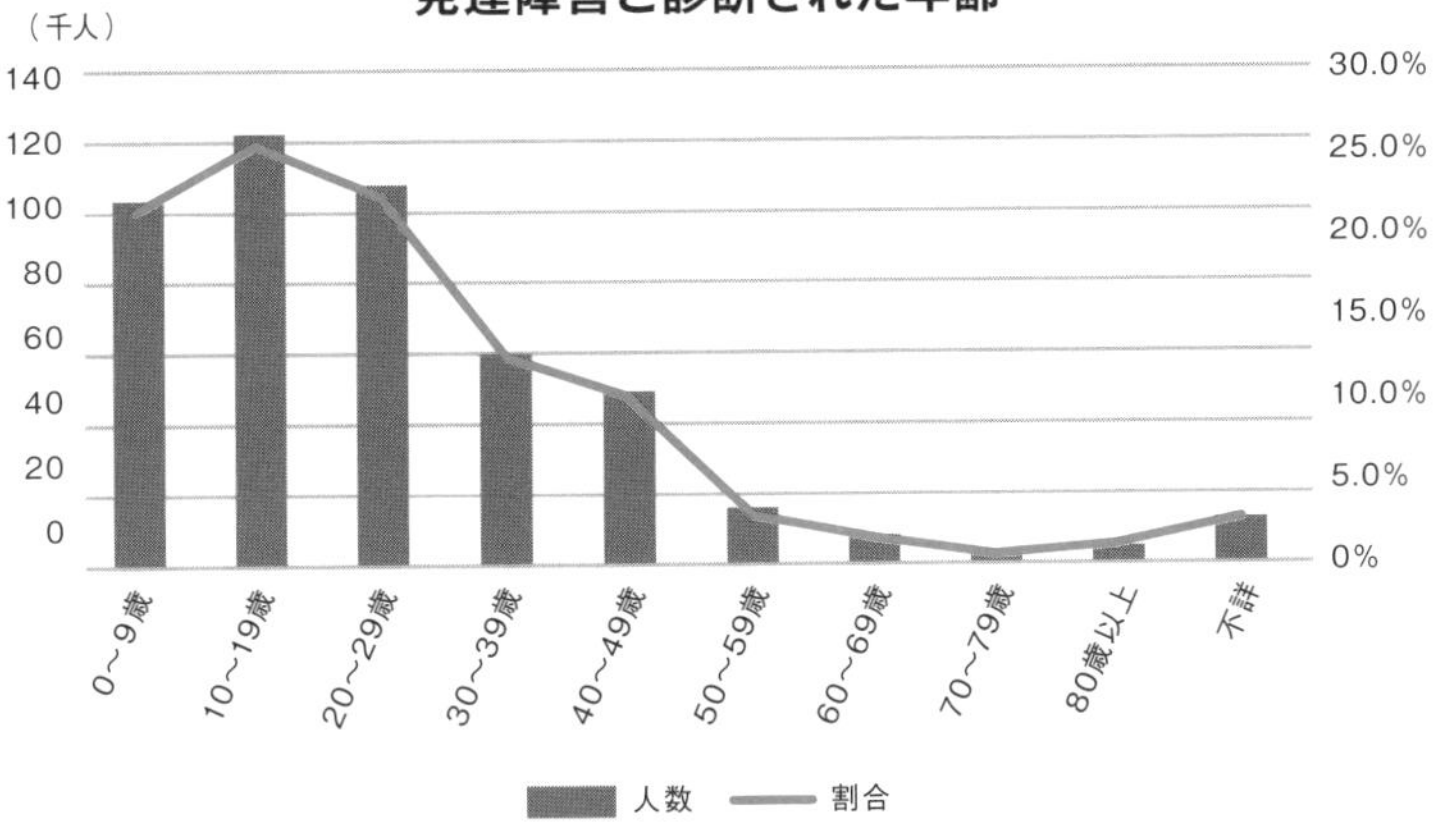

20歳以降に発達障害と診断されるケースが半数を占める

診断された年齢
20歳未満 **46.8%**

診断された年齢
20歳以上 **50.5%**

出典：「平成28年生活のしづらさなどに関する調査（全国在宅障害児・者等実態調査）」厚生労働省

03

「アスペだ！」「発達だ！」決めつけ厳禁 発達障害を診断できるのは医師のみ

安易な決めつけや思い込みは要注意

「発達障害」というものが認知されるにつれ、少し変わった個性や特性を持つ人、困った言動をする人を「発達障害だ！」と決めつけるようなケースを目にするようになりました。

特にインターネット上では非常に多く見受けられ、「アスペ（アスペルガー症候群）だ！」「発達だ！」といった書き込みを目にすることも珍しくありません。しかし、当然のことですが、**素人が勝手に決めつけてよいものではありませんし、軽々しく人に言うことでもありません。**

発達障害と診断されるまでには、専門の医療機関を受診し、発達障害の専門知識を持つ医師の問診で悩みごとや困りごと、子どものころの様子、家族関係などの聞きとり、脳波や脳画像などの医学的検査、心理検査、発達検査を受けることになります。その結果を医師が診断基準と照らし合わせて、発達障害の診断が下されることになります。

また、教師が学校での子どもの言動から「発達障害の疑いあり」と判断する場合もあります。ただし、これも医師の診断ではありませんので、発達障害と確定したわけではありません。

また、これも発達障害が広く知られた弊害であり、「手がかかる」「問題行動がある」というだけで「疑いあり」とされてしまうようになったという指摘もあります。子どもの問題行動には原因が別にあるケースも少なからずあり、誤解を恐れずに言えば、これも「決めつけ」のひとつともとれるのです。

発達障害と診断されるまでの流れ

医療機関を受診

- 小児科
- 児童精神科
- 小児神経科

乳幼児期～15歳

- 精神科
- 心療内科

15歳以上

↓

医師の問診

- 生活で困っていることや悩み
- 子どものころの様子
- 家族関係
- 学校生活でのできごと　など

↓

各種検査

- 脳波
- 脳画像
- 心理検査
- 発達検査

↓

診断

- 問診で得られたさまざまな情報
- 各種検査の結果診断

すべての情報を診断基準と照らし合わせて総合的に判断

発達障害の専門知識がある医師

- 小児精神科医
- 児童精神科医
- 精神科医

周囲からの指摘やセルフチェックはあくまでも“目安”でしかないことに注意！

インターネットにある「発達障害のセルフチェック」は、ひとつの目安にはなりますが、発達障害と診断できるものではありません。また、周囲からの指摘も目安でしかありません。人から指摘された内容についてはきちんと受け止めるべきですが、発達障害であるかどうかは別の問題です。

04

発達障害は病気じゃない！生まれつきの個性だと考えよう

「障害」という言葉にとらわれない

もし、自分が発達障害と病院で診断された場合「自分には障害があるのか……」「心の病気なのか……」と重く捉えてしまうかもしれません。また、家族や学校の友だち、会社の同僚などが発達障害と診断された場合も、深刻に受け止めてしまうことでしょう。

　これは「障害」という言葉がネガティブで深刻なイメージを与えてしまうため、仕方のないことですが、**そもそも発達障害は「人それぞれが生まれつき持つ個性や特性」と考えるべきものであって、病気とは言えないのです。**

　その理由のひとつが、発達障害は生まれつきの脳の特性であって、「うつ病」や「統合失調症」のような精神的な疾患、こころの問題ではないということです。**発達障害は先天的なものであり、幼少期からその兆候が見てとれます**が、精神疾患のほとんどは後天的要因や遺伝因子によって思春期以降に発症するものという違いがあります。

　人には、明るい、暗い、お調子者、物静か、おてんば、おしとやか、外交的、内向的など、それぞれ個性や特性があり、その程度も人によって異なります。それと同じように、**発達障害も人それぞれが持つ個性や特性のひとつと考えるべきものなのです。**

　ただし、その特性がいわゆる「普通の人」と大きく違うことが多いため、周囲から浮いてしまったり、学校や会社でさまざまな不都合やトラブルが起きてしまったりするのも事実です。

発達障害は人それぞれ違う個性のひとつ！

おしとやか　お調子者　おてんば

外向的　穏やか　明るい　内向的　おとなしい

真面目　物静か　おしゃべり　活発

「精神的な病気」「こころの問題」ではなく、
生まれつきの個性や特性と考えるべきもの

さまざまな遺伝的要因が複雑に関与して、生まれつき脳に機能障害が起きてしまうのが原因

発達障害の原因について、現時点では特定できていませんが、「さまざまな遺伝的要因と環境要因が重なり、相互に影響しあって脳の機能障害につながる」という考えが主流です。遺伝的要因として関連する遺伝子が発見されており、妊娠初期の喫煙や母体の年齢などが環境的要因のひとつと考えられています。

05 発達障害の原因は脳機能の違いによるもの

「定型発達」と「非定型発達」とは？

発達障害は、先天的な脳機能の障害などが原因であることは、すでに説明した通りです。それでは、脳にどんな障害が起きてしまい、それがどんな問題を引き起こすのかを見ていきましょう。

先天的な脳機能の障害がない場合、人間の脳は成長に合わせてさまざまな機能がバランスよく発達します。これを「定型発達」と言い、発達障害ではない多数派の人、つまり「普通の人たち」のことです。

一方、生まれつき脳機能の一部に障害がある場合、定型発達の人とは異なり、**成長に合わせてきちんと発達する機能と発達しない機能が出てきてしまいます**。つまり、発達の程度が機能によって差がある状態になっており、これが「非定型発達」です。

非定型発達の人は、あることは定型発達の人と同じようにできますが、別のことはまったくできないというアンバランスな状態になりやすくなります。また、各機能の連携がうまくできないといった問題も起こります。そのため、定型発達の人が大多数の社会では、できないことが原因で、社会生活を送るうえで困難に直面することになってしまうのです。

ただし、非定型発達であっても、**発達の度合いが著しく遅れていなければ、普通の生活ができることもあります**。同様に定型発達でも、発達の度合いには個人差があるため、非定型発達のような特性を見せる人もいます。そのため、発達障害と診断されなくても、発達障害的な特性を持っている人は少なくないということは覚えておいてください。

脳機能の発達には2種類ある

定型発達

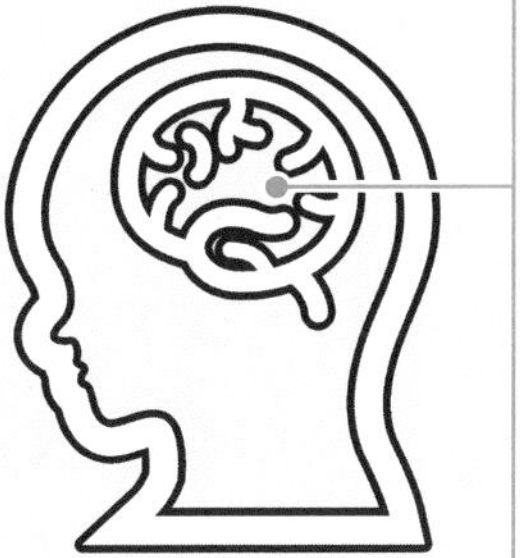

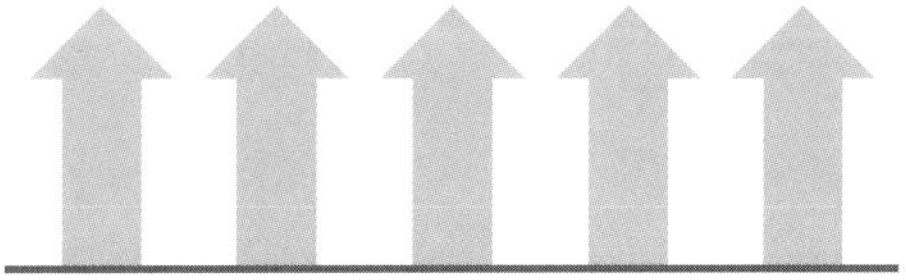

さまざまな脳機能がバランスよく発達する

脳の各機能が成長に合わせてバランスよく発達していき、各機能の連携にも問題がありません。発達障害ではない多数派の人々のことをさし、「定型」や「通常発達」とも呼ばれます。

非定型発達

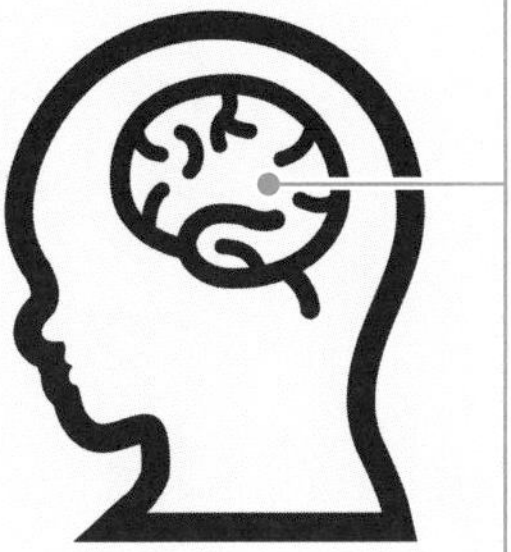

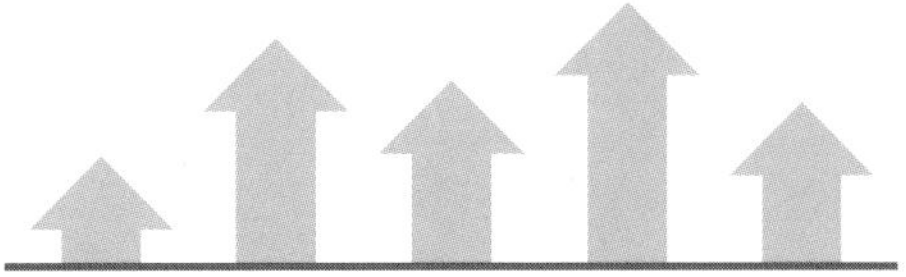

脳機能の発達がアンバランスになってしまう

先天的な問題で成長に合わせて発達する機能と発達しない機能があり、各機能の連携にも問題が起きてしまいます。非定型発達の程度には個人差があり、重いと発達障害と診断されます。

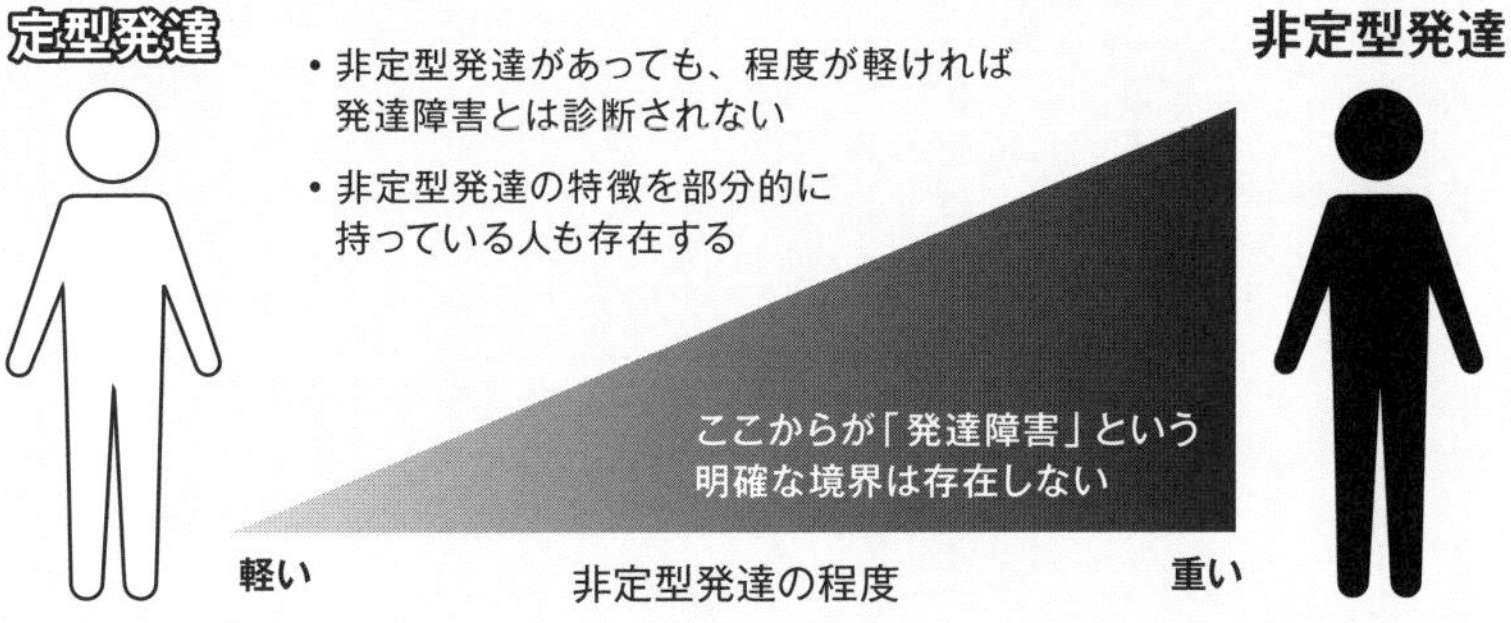
定型発達
・非定型発達があっても、程度が軽ければ
発達障害とは診断されない
・非定型発達の特徴を部分的に
持っている人も存在する
非定型発達
ここからが「発達障害」という
明確な境界は存在しない
軽い
非定型発達の程度
重い

06

家庭環境やしつけ、本人の努力はまったく関係ない

自分や本人を責めるのは間違い！

　発達障害は、かつては「家庭環境のせい」「親のしつけのせい」「本人の努力が足りない」といった後天的なもので起きていると考えられていましたが、現在は研究が進み医学的に否定されています。繰り返しになりますが、**遺伝子異常などの遺伝的要因と胎児期の環境的要因によって引き起こされる先天的なもので、生まれつきの脳の特性なのです。**

　後天的な要素はまったく関係ありませんから、仮に子どもが発達障害と診断されても、家庭環境やしつけに問題があるわけでも、本人が努力していないわけでもありません。そのため、「育て方が悪かった」と悩んだり、「もっと頑張りなさい」と子どもに対して怒ったりするのは間違いです。

　ただし、家庭環境や本人の生活の乱れが原因で発達障害のような症状が出てしまうケースも存在します。そういった部分を改善すると症状がおさまることも少なくありませんので、本当に発達障害かどうかは専門家に診てもらう必要があるでしょう。

　また、発達障害の兄弟姉妹がいる「きょうだい児」の場合、発達障害の子に親がかかりきりになってしまうため、定型発達の子に、集中力の欠如や反抗的態度、多動、ケンカ、多弁といった症状が現れるケースもあります。

　これは、「どうにかして親の気を引きたい」という気持ちから起きる行動で、イライラや不満を抱えている証拠です。そのため、きょうだい児に対するケアも必要になっていきます。

発達障害は先天性の「脳機能障害」

家庭環境

家庭環境と発達障害になることは関係ありません。ただし、家庭環境に問題がある場合、子どもの問題行動を誘発する可能性はあります。

親のしつけ

親のしつけの問題で、発達障害になることはありません。しかし、親のしつけに問題がある場合、子どもが問題のある言動をすることはあります。

本人の努力不足

発達障害が原因で、度重なる忘れ物や遅刻、勉強ができないといった症状が現れることがあります。しかし、決して、本人の努力不足ではありません。

家庭環境や親のしつけ、本人の努力不足のせいではない！

家庭環境や親のしつけで発達障害になるという説は
医学的に否定されているので、

「育て方が悪かった……」
「しつけの問題……」と悩む必要はない！

日常生活や学校でできないことがあるのは
本人の努力不足ではないので、

できないことを叱るのではなく、
できることを褒めよう！

07

発達障害には どんな種類がある？

発達障害は大きくわけて7種類

発達障害の診断基準となっているのが、「アメリカ精神医学会（APA）」が定める『DSM－5（精神疾患の診断・統計マニュアル）』です。これは、**精神疾患の病名、診断基準、診断分類などをまとめたもので、世界基準となっているものです。**

2013年に刊行された『DSM－5』は、2022年に増補改訂版にあたる『DSM－5－TR』にアップデートされました。そのなかで、発達障害は「神経発達症群」という大きな分類でまとめられ、「知的発達症群（ID）」「コミュニケーション症群（CD）」「自閉スペクトラム症（ASD）」「注意欠如・多動症（ADHD）」「限局性学習症（SLD）」「運動症群（MD）」「他の神経発達症群」という7つの診断名に分類されています（左ページ参照）。

本書でも診断名の表記はこれに準じていますが、発達障害のみ、本来は神経発達症群とすべきところを、広く一般的に使用されていることから引き続き発達障害と表記することとします。

日本では、2004年に発達障害児の早期発見と支援を目的に施行された『発達障害者支援法』において、「自閉症」「アスペルガー症候群」「その他の広汎性発達障害」「学習障害」「注意欠陥多動性障害」が「発達障害」とされています。

これらの診断名は古い基準であるため、名称が異なりますが、基本的には『DSM－5』の定義と大きく異なるものではありません。

『DSM-5-TR』による「発達障害」の分類

神経発達症群

- 知的発達症群（ID）……………………………… P.28
- コミュニケーション症群（CD）………………… P.30
- 自閉スペクトラム症（ASD）……………………… P.22
- 注意欠如・多動症（ADHD）……………………… P.24
- 限局性学習症（SLD）……………………………… P.26
- 運動症群（MD）…………………………………… P.32
- 他の神経発達症群………………………………… P.34

精神疾患の世界共通の診断基準
『DSM-5-TR 精神疾患の診断・統計マニュアル』

『DSM』は「精神疾患の診断・統計マニュアル（Diagnostic and Statistical Manual of Mental Disorders）」の頭文字を略したもので、「5」は第5版、「TR」は増補改訂版を意味します。

出典：『DSM-5-TR 精神疾患の診断・統計マニュアル』医学書院

『発達障害者支援法』による「発達障害」と「発達障害者」の定義

第二条　この法律において「発達障害」とは、自閉症、アスペルガー症候群その他の広汎性発達障害、学習障害、注意欠陥多動性障害その他これに類する脳機能の障害であってその症状が通常低年齢において発現するものとして政令で定めるものをいう。

2　この法律において「発達障害者」とは、発達障害がある者であって発達障害及び社会的障壁により日常生活又は社会生活に制限を受けるものをいい、「発達障害児」とは、発達障害者のうち十八歳未満のものをいう。

1

対人関係が苦手で強いこだわりがある

自閉スペクトラム症（ASD）

- 人とのコミュニケーションが苦手
- 非言語の意思疎通が苦手
- 言葉の表面的な意味にとらわれやすい
- 特定の物や事柄に対するこだわりが強い
- 同じ行動を繰り返す

共感が苦手でこだわりが強い

「自閉スペクトラム症（ASD）」は、『DSM－5』によって新設された診断名で、それまで「自閉症」「アスペルガー症候群」「特定不能の広汎性発達障害」と呼ばれていたものを、ひとつにまとめたものです。

これらの症状には程度の差こそあるものの共通した特性が認められるため、別々の症状とするのではなく、さまざまな特性が含まれるひとつの連続（＝スペクトラム）している症状として捉えることになりました。

この症状の特性は、大きくわけてふたつあります。ひとつは、**「社会的コミュニケーション障害」**と呼ばれるもので、他人との意思疎通が苦手で、特に相手の表情や視線、声のトーンから感情を読みとることができず、いわゆる「空気が読めない人」と思われてしまいます。また、他人に対する興味がないこと、言葉の表面的な意味にとらわれやすく、比喩や冗談などが理解できません。

もうひとつは、**「限局された反復的な行動」**と呼ばれるものです。「限局」とは「狭い」という意味で、同じ行動を繰り返したり、特定の物や事柄に強いこだわりを持ったりします。そして、これらが妨害されると、パニックに陥ってしまうこともあります。

自閉スペクトラム症の特性

■ 社会的コミュニケーション障害

相手の視線や表情から感情を読みとることが苦手で、他人との意思疎通がうまくできません。他人に関心を持たず、親交を深めることをしません。また、言葉の表面的な意味にとらわれ、慣用句や比喩、皮肉、誇張、冗談などを理解することが苦手です。

具体的な行動

- 相手の視線や表情から感情を読みとることが苦手
- 家族を含め他人に対する関心が低い
- あまり言葉を話さない
- 慣用句や比喩、あいまいな表現が理解できない
- 皮肉、冗談、誇張などの表現が理解できない
- 挨拶のタイミングがわからない　など

■ 限局された反復的な行動

体を揺らす、飛び跳ねる、物や空間をじっと見つめ続けるなど、特定の動作を繰り返します。また、必ず同じ道で通学する、特定の言葉を繰り返す、特定分野の固有名詞を暗記するなど、特定の物や事柄に強いこだわりをみせるという特性もあります。

具体的な行動

- 体を揺らす、くるくる回る、飛び跳ねる
- ひとつの物を触り続ける
- 物や空間をじっと見つめ続ける
- 必ず決まった道順で通学する
- 特定の言葉を繰り返し口にする、書く
- 特定分野の固有名詞などを暗記する　など

■ 自閉スペクトラム症はその他の発達障害と併存しやすい

自閉スペクトラム症の人は、その他の発達障害と併存しやすいという特徴があることがわかっています。約88％の人がひとつ以上の症状と併存しているというデータがあり、その症状は多岐にわたります。また、診断基準には含まれていませんが、視覚、聴覚、嗅覚、味覚などの感覚が異常に鋭くなる「感覚過敏」、その逆で異常に鈍くなる「感覚鈍麻」になっていることも多くあります。

ミニコラム

ひとり一人が個性的！
ASDの子どもや大人たち

ASDの特性は、全体的には似ているように見えますが、好きなもの、行動、言動などを細かく見れば、個々に違います。ひとくくりにできるようで、実は違うのです。個性的な面には、本人の才能や、素晴らしい個性が隠されていることもあり、それらを発見することで新たな理解が生まれることがあります。

2

不注意で集中力にかける

注意欠如・多動症（ADHD）

- 注意を持続させることが困難
- 順序立てて行動することが苦手
- じっとしていられない
- 話の内容がころころ変わりやすい
- 考える前に行動してしまう

集団生活に馴染めず孤立しやすい

「注意欠如・多動症（ＡＤＨＤ）」の人の特性は、**忘れっぽくて物事に集中できない「不注意（注意欠如）」、じっとしていられない「多動性」、考える前に行動してしまう「衝動性」の３つに大きくわけられます。**ただし、これらの特性が均等に現れるわけではなく、不注意（注意欠如）の特性が強く現れる「不注意優勢型」と、多動性、衝動性の特性が強く現れる「多動・衝動性優勢型」、３つの特性のすべてが現れる「混合型」にわけられます。また、男性は多動・衝動性優勢型、女性は不注意優勢型が多い傾向が見られます。

幼児期は、多動性と衝動性が目立つため「活発な子」といったように肯定的に見られることもありますが、学齢期になると授業中に立ち歩く、忘れ物が多い、順番を守れないといった行動をしてしまうようになります。そのため、否定的な目で見られることになり、クラスで孤立してしまうケースが少なくありません。

ただし、年齢を重ねるにつれて問題となる行動が落ち着いてくることがほとんどです。その一方で成人しても問題行動が続くケースもあり、その場合は自分の問題行動や失敗が強く認識できるため、精神疾患などの二次障害を発症してしまうケースもあります。

注意欠如・多動症の特性

不注意

- 集中力を持続させることができない
- 何度も物をなくす、置き場所を忘れる
- 片付けられない、出しっぱなしが多い
- 外からの刺激ですぐに反応してしまう
- 誤字脱字、単純な計算ミスをしやすい

など

気が散りやすく、忘れ物が多い

多動性

- じっとしていることができない
- 授業中に立ち歩く
- 一方的に話してしまう
- 気になることがあると、そちらに歩き出す
- 話の内容がころころ変わりやすい

など

落ち着きがなく、じっとしていられない

衝動性

- 待つことが苦手で順番を抜かしてしまう
- 気になった物を触らずにはいられない
- 知っていることを話さないと気が済まない
- 相手の話をさえぎってしまう
- 感情や欲求のコントロールができない

など

行動の抑制が困難で、考える前に行動する

注意欠如・多動症には2つのタイプがある

注意欠如・多動症は、「不注意」が優勢なタイプと「多動性」「衝動性」が優勢なタイプにわかれます。また、すべての特性が同じ程度で現れる混合タイプも存在します。

不注意優勢型

不注意優勢型は、女性に多いタイプで、気が散りやすくて、集中力を維持できず、忘れ物や紛失が多く、単純な計算ミス、誤字脱字を繰り返します。

多動・衝動性優勢型

多動・衝動性優勢型は、男性に多いタイプで、落ち着きがなく、じっとしていられず、自分の感情や欲求が抑制できず、考える前に行動してしまいます。

ミニコラム

幼児期の多動性や衝動性は年齢とともに落ち着くことが多い！

ADHDの場合、幼児期に多動や衝動が目立つことがありますが、成熟するにつれて（おおむね小学校の半ば以降に）落ち着いてくる傾向があります。たとえば、動きを止めることは無理という子もいますが、年齢とともに止められるようになります。また、興味のあることには熱中し、「過度な集中」を見せることもあり、これを才能と捉える人もいます。

3

特定の勉強だけが苦手な

限局性学習症（SLD）

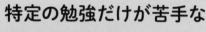

- 知的能力に発達の大きな遅れはない
- 特定の分野（読む、書く、計算）だけがうまくできない
- 文字の読み間違いや書き間違いが多い
- 数値や計算を習得することができない
- 数学的な推論ができない

できないのは努力不足ではなく特性

知的能力には発達の遅れなどの問題がないにもかかわらず、「読む」「書く」「計算する」といった特定分野に限って著しい困難を抱えてしまうのが「限局性学習症（ＳＬＤ）」です。この症状には、読むことに問題が生じる「識字障害」、書くことに問題が生じる「書字表出障害」、計算することに問題が生じる「算数障害」の３種類が存在します。

また、この医学的定義とは別に教育的定義もあり、この３種類に加えて「聞くことが困難」「話すことが困難」「推論することが困難」が加わります。

ひとつだけ問題が生じる場合もあれば、複数の問題が生じる場合もあり、その程度にも個人差があります。また、幼児期は学習の機会が限られるため問題を抱えていることが発覚せず、就学後に学習の機会が増えるにつれてこうした特性が明らかになってきます。

そのため、他の教科は普通にできるのに、計算だけができないといった状況になり、**本人の努力不足と捉えられてしまうケースが少なくありません。**しかし、前述したように発達障害と本人の努力はまったく関係ありませんので、読む、書く、計算のいずれかが極端に苦手な場合は、この限局性学習症かもしれません。

限局性学習症の特性

識字障害(ディスレクシア)

わ、が、は、
いは、ね、こ、
で、あ、る…

- 一文字ずつ拾って読む「逐次《ちくじ》読み」をする
- 単語あるいは文節の途中で区切って読む
- 行を飛ばしたり、同じ行を読んだりする
- 「は」と「ほ」などの似た文字を読み間違える
- 書かれている単語の意味を把握することができない

など

書字表出障害(ディスグラフィア)

ね⇔ぬ
わ⇔れ

- 「ね」と「ぬ」などの似た文字を書き間違える
- 左右が反転した鏡文字を書いてしまう
- 文字のバランス配置が上手にできない
- 文法の誤りが多い
- 見た文字を上手に書き写せない　など

算数障害(ディスカリキュリア)

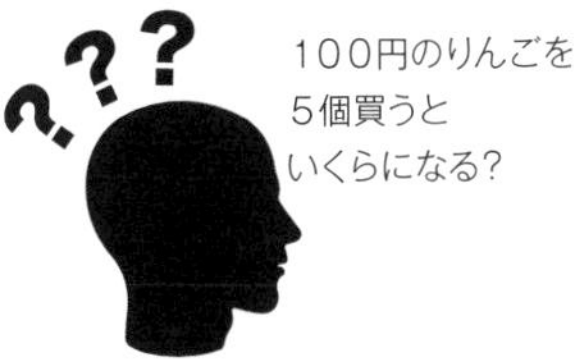
100円のりんごを
5個買うと
いくらになる?

- 九九が覚えられない
- 数の大小がわからない、数を正確に数えられない
- 計算はできるが、文章問題になるとわからなくなる
- 図形やグラフが読みとれない
- その場にないものを推論することが苦手

など

ミニコラム

子どものころは苦手だった科目でも成熟すればできるようになる!

脳神経が成熟する時期が人とは違い、ずれている方がいるようですが、成熟すれば、できるようになることも珍しくありません。ある方は、小学生までは読書が苦手だったそうですが、中学生になったら読書が好きになり、40代を過ぎた今は、同じ世代よりも本を読むとのことです。また、別のある方は、中学生を過ぎたころから数学ができるようになり、税理士になった人もいます。

4

知的能力と適応能力に乏しい

知的発達症群（ID）

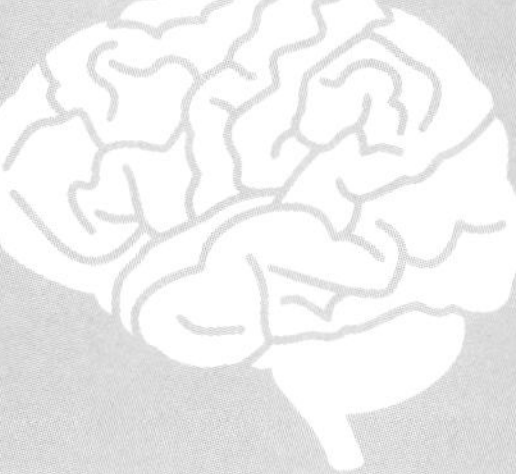

- 同年代と比較して知的発達に遅れがある
- 知能指数（IQ）が70以下
- 日常生活への適応が困難
- 発達期（おおむね18歳まで）に発生
- 精神遅滞とも呼ばれる

日常生活を送ることが難しいケースも

「知的発達症群（ＩＤ）」は、同年代と比較して知的発達に遅れがあり、日常生活への適応に困難が伴うという特性です。「知的機能」「適応機能」「発達期」の３要素から診断されます。

知的機能の診断基準は、知能検査（平均知能指数１００、標準偏差15）の結果、知能指数（ＩＱ）が70以下となっています。そして、適応検査では、対人関係のスキル、社会生活への適応、生活習慣が確立しているかなどを心理職が観察して診断します。最後に、両検査の結果を踏まえ、18歳までの発達期に知的機能と適応機能の問題が認められたかどうかが診断され、最終的な診断が下されます。

診断の結果、知的発達症群と診断されると、知能指数を基準に適応検査の結果を考慮して、重症度により軽度、中等度、重度、最重度に分類されます。かつては、知能指数のみで判断されていましたが、**現在は実際に生活できる能力がどれくらいあるかも考慮されています。**

症状が重い場合、幼児期の早い段階で「言葉数が少ない」「理解している言葉が少ない」といった症状から疑われますが、症状が軽い場合は気づかれずに成長し診断も遅くなります。

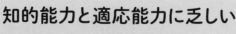

知的発達症群の程度と特性

軽度

知能指数
51～70

- 基本的な生活習慣には問題がない
- 文章による簡単な意思表示や理解はできる
- 漢字の習得は難しい
- 集団生活や友人との交流はできる　など

中度

知能指数
36～50

- 指示されれば着替えることができる
- 自分の体は洗えるが洗い残しがある
- ひらがなの読み書きはある程度できる
- 交通機関の利用が難しい　など

重度

知能指数
21～35

- 食事、入浴、着替えなどの基本的な生活にサポートが必要
- 簡単な受け答え以外の意思疎通が苦手
- ひとりでの外出が難しい　など

最重度

知能指数
20以下

- 基本的な生活ができない
- 尿意や便意を伝えられない
- 意思疎通が難しいが、身振りや簡単な言葉で意思表示をすることもある　など

**知能指数のほか
生活能力によって
重症度が判定される**

4段階の等級の基準となるのは知能指数で、知能指数51 ～ 70が軽度、知能指数36 ～ 50が中度、知能指数21 ～ 35が重度、知能指数20以下が最重度です。生活能力が高い場合は一段階等級が軽くなり、低い場合は一段階等級が重くなります。

ミニコラム

知能指数はひとつの目安に過ぎず　言葉の能力も人それぞれ

知的発達症群は、わかりやすいようでいて必ずしもそうとは言えません。ひとり一人の能力には差があり、IQがたとえば50でも、まったく同じ能力の人はいないのです。また、言語の能力も、その理解度や使い方などに差があります。話せないから障害が重いかといえば、そうとも言い切れません。なぜなら、理解力が高い人もいるからです。

5

言葉や対人関係に問題がある
コミュニケーション症群（CD）

- 言語の習得と使用に問題がある
- 言葉をうまく発することができない
- 言葉がなめらかに出てこない
- 社会的な状況に応じたコミュニケーションが苦手
- 状況に応じた適切な会話ができない

言葉によるコミュニケーションが苦手

「コミュニケーション症群（CD）」は、言語の習得や使用が困難であったり、言葉にして話すことが苦手であったり、正しく発音できなかったりといった問題で、他者とのコミュニケーションに問題が生じてしまう特性です。

現れる特性によって、言語の習得が困難で話し言葉によるコミュニケーションがうまくできない「言語症」、正しく発音することができない「語音症」、言葉がなめらかに出てこない「小児期発症流暢症」、社会的な状況に応じたコミュニケーションが困難な「社会的コミュニケーション症」、それ以外の特性があり日常的なコミュニケーションが困難な「特定不能のコミュニケーション症群」の5つに分類されます。

言葉のことでからかわれたり、いじめられたりすることで対人関係に問題が生じてしまうことも多いため、学業不振や不登校などの問題を併発する可能性もあります。

なお、人間関係が苦手なことを意味する俗語として「コミュ障」という言葉が使われるようになっていますが、**発達障害のコミュニケーション症群とはまったく関係ありません。**

コミュニケーション症群の特性

言語症

話し言葉によるコミュニケーションがうまくできない

同年代の子どもに比べて言語能力が低く、話すこと、書くことの習得や使用が困難な状態です。語彙が少なく、文章の組み立てが苦手で、短く単純な言葉を使う傾向があります。

語音症

言語能力は正常だが、正しく発音することができない

言語能力は正常であるにもかかわらず、言葉をうまく明瞭に発音することができません。そのため、語音症の人の言っていることを完全に理解することは困難で、意思疎通が難しくなります。

小児期発症流暢症

話し始めるときや会話中に言葉がなめらかに出ない

音の繰り返し「お、お、おはよう」、音の引き伸ばし「おーーーはよう」最初の言葉を出せずに間が空く「……おはよう」といったように、言葉がなめらかに出てきません。

社会的コミュニケーション症

会話はできるが、社会的状況に応じたコミュニケーションが困難

言語能力は正常ですが、社会的状況に応じたコミュニケーションが困難です。挨拶や雑談ができず、状況や相手に応じて言葉を変えられません。また、比喩や冗談も理解できません。

特定不能のコミュニケーション症群

- 上記4つにあてはまるような特性はないが、日常生活におけるコミュニケーションが困難
- 診断基準は満たさないが、上記4つの特性の多くに当てはまる

ミニコラム

症状の分類はあくまでも目安 その人の抱えている困難を理解しよう！

コミュニケーションの特性によって、症状の分類をするのは必ずしも適切でない場合もあります。いくつかの特性が重なったり、あるいはそれが個性の範疇に入ることもあったりするからです。とはいっても、日常で困難を抱えている人もいるので、そのことを理解することも必要です。相手の困難を理解したうえで、共感することも大切なことなのです。

6

体をうまく動かすことができない

運動症群（MD）

- 意思とは無関係にまばたきなどが繰り返される「チック症（TD）」
- 複数の動作を連携させる協調運動が困難な「発達性協調運動症（DCD）」
- 目的のない行動を繰り返す「常同運動症（SMD）」

身体のコントロールが困難な状態

体を動かすことに何らかの困難がある「運動症群（ＭＤ）」には、「チック症（ＴＤ）」「発達性協調運動症（ＤＣＤ）」「常同運動症（ＳＭＤ）」の３つが含まれます。

チック症は、**自分の意思とは無関係に咳払いや発声をしてしまう「音声チック」と、まばたきや肩すくめなどをしてしまう「運動チック」の２種類**があり、それぞれ「単純チック」と「複雑チック」（左ページ参照）が存在します。また、**音声チックと運動チックの両方が１年以上続いた場合は「トゥレット症」となります。**

発達性協調運動症は、極端に不器用であったり、運動が苦手だったりする人のことです。身体機能に限られる問題はありませんが、たとえばバスケットのドリブルのように、「ボールを手でバウンドさせながら走る」といったような**別々に動く複数の動作を連携させて円滑な運動を行う協調運動がうまくできません。**

そして、常同運動症は、何かに駆り立てられるように頭を揺らす、飛び跳ねるといった常同行動（目的のない行動）を繰り返してしまうものです。常同行動は小さな動きから大きな動きまでさまざまありますが、指や唇を噛んだり、頭を壁に打ちつけたりする自傷行為を繰り返すこともあります。

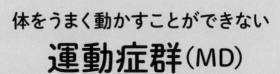

チック症の特性

音声チック

単純チック

- 咳払い
- 鼻を鳴らす
- 単音の発声
- 叫ぶ

など

複雑チック

- 汚言（不謹慎、卑猥な言葉）
- 反響言語（オウム返し）
- 反復言語（同じ言葉を繰り返す）

など

運動チック

単純チック

- まばたき
- 顔しかめ
- 首振り
- 肩すくめ

など

複雑チック

- 表情を変える
- 他人に触る
- 飛び跳ねる
- 腕を振る

など

「音声チック」と「運動チック」の両方が1年以上継続すると「トゥレット症」

発達性協調運動症の特性

個々の身体機能に問題はないが、複数の動作を連携させる協調運動が困難

ただ単に不器用な人、運動が苦手な人と見られやすく、発達障害だと気がつかないケースも少なくありません。

指先を使うことが苦手

- ハサミなどの道具をうまく使えない
- よく物を落とす
- ボタンがうまくハメられない
- 靴ヒモがうまく結べない

など

体を動かすことが苦手

- 歩き方、走り方がぎこちない
- 何もないところで転びやすい
- ボールがうまく投げられない、蹴れない
- 体操やダンスが苦手

など

常同運動症の特性

何かにとりつかれたように目的のない行動を繰り返してしまう

常同行動のパターンはさまざまあり、頻度や持続時間も人それぞれです。状況によって常同運動の現れ方も変わります。

目的のない行動

- 頭を揺らす
- 上半身を揺らす
- 腕を振り続ける
- 手をヒラヒラする
- 回転する
- 飛び跳ねる
- 手を閉じたり開いたりを繰り返す

自傷行為に注意！

- 指や唇を噛む
- 自分の目を突こうとする
- 自分の頬を叩く
- 壁に頭を打ちつける

など

7

6つの症状に当てはまらない
その他の神経発達症群

- 反抗的、反社会的行為、攻撃的行為を6カ月以上繰り返す　「素行症（CD）」
- 否定的、反抗的、不服従の行動を繰り返す「反抗挑発症（ODD）」

注意欠如・多動症と併発しやすい症状

「その他の神経発達症群」は、生まれつきの脳の特性ではあるものの、これまでに説明した6つの診断名に当てはまらないものです。「他の特定される神経発達症」「特定不能の神経発達症」の2種類がありますが、多岐にわたりますので診断名のみ紹介しておきます。

そのかわり、神経発達症群ではありませんが、「注意欠如・多動症（ADHD）」と併発しやすく、発達期によく見られる「素行症（CD）」と「反抗挑発症（ODD）」を紹介します。

素行症は、「他人や動物を攻撃する」「物を破壊する」「嘘をつく・物を盗む」「ルールを破る」という4つの問題行動を繰り返す症状です。10歳未満で発症した場合「小児期発症型」、10歳以上で発症した場合は「青年期発症型」と呼ばれます。注意欠如・多動症の衝動性が強い場合、発症しやすくなるとされ、多くは成長に伴って症状が軽くなり成人までにはおさまります。ただし、小児期発症型の場合、約3分の1は成人後も症状が残ってしまいます。

反抗挑発症は、特に権威のある人に対して「反抗的で挑発的な態度」をとります。素行症と異なるのは、他人を攻撃したり、権利を侵害したりすることがないことです。多くの場合、就学前から中学生までの時期に発症し、対人関係や学業に悪影響を及ぼします。

素行症の特性

４パターンの問題行動を繰り返してしまう

素行症は、小児期の後期や青年期の初期に発症することがほとんどです。規則を破ったり他者の権利を侵害したりする行動をしつこく繰り返し、男子が女子より圧倒的に多くなっています。

１０歳未満で発症
→小児期発症型

１０歳以上で発症
→青年期発症型

他人や動物を攻撃

- 他人に対する強い口調
- いじめ、脅迫、威嚇的な行動
- ケンカを頻繁にする
- 動物に対しての残虐行為

など

物を破壊

- 他人の物を壊す
- 建物の窓を割る
- 放火する

など

嘘をつく・物を盗む

- 繰り返し嘘をつく
- 他人の物を盗む
- 商品を万引きする
- 敷地に無断侵入する

など

ルールを破る

- 授業をサボる
- 学校を無断で休む
- 校則を破る
- 家出をする

など

反抗挑発症の特性

権威のある人物に対して否定的、反抗的、不服従の行動を繰り返す

反抗的、挑発的な行動が6カ月以上続き、対人関係や学業に深刻な影響を及ぼしている場合、反抗挑発症と診断されます。多くは中学生までに発症します。

反抗的で挑発的な行動

- 頑固で気難しい
- 人の言うことを聞かない
- 頭に血が上りやすく、怒りっぽい
- 大人と口論をする
- 積極的に規則や指示に逆らう
- わざと人を困らせる
- 悪意に満ち、意地が悪い

他人を攻撃したり他人の権利を侵害したりすることはない

ミニコラム

素行症や反抗挑発症の特性は「反抗期」の子どもにも見られることに留意

素行症や反抗挑発症ですが、子どもが発達していく中で見られることがある行動でもあります。たとえば「反抗期」といわれる時期があります。この時期は、子どもが自立していく際に必要とも考えられているもので、多くの子どもが程度の差こそあれ経験するものです。ただ、スムーズに乗り越えられない子どもが、少数ながらいるようです。こうした診断名にこだわらず、子どもの状態から、行動の理解を進めていくことも必要です。

08

発達障害は複数の症状が併存することも多い

併存症を抱えやすいのも特徴のひとつ

発達障害は、複数の症状が重複することが少なくありません。特に「自閉スペクトラム症（ASD）」は、他の発達障害と併存しやすいことがわかっており、**約88％が少なくともひとつ以上の他の症状を併発しているというデータもあります。**

また、中度～最重度の「知的発達症（ID）」では、高い確率で自閉スペクトラム症の特性が認められます。ただし、「限局性学習症（SLD）」は知的機能が正常であることが診断基準に含まれているため、知的障害と限局性学習症が併存することはありません。

そして、こうした発達障害同士の併存以外にも、その他の病気との併存も少なくありません。たとえば、小児期に多く発症する「てんかん」も発達障害と関連性があることがわかっています。**てんかんを発症した子どもの約20％が自閉スペクトラム症、約30％が「注意欠如・多動症（ADHD）」を併存しているというデータが報告されています。**

そして、発達障害の人は「二次障害」といって精神疾患を抱えてしまうことも珍しくありません。特に大人になって社会に出ると、日常生活や社会生活においてさまざまな困難を抱え、対人関係に悩み「生きづらさ」を感じ続けたり、失敗の連続で自信を失ったりしてしまうことで、「うつ病」や「睡眠障害」といった精神疾患を発症してしまうのです。これは発達障害を考えるうえで絶対にはずせないポイントと言えるでしょう。

主な発達障害の関係

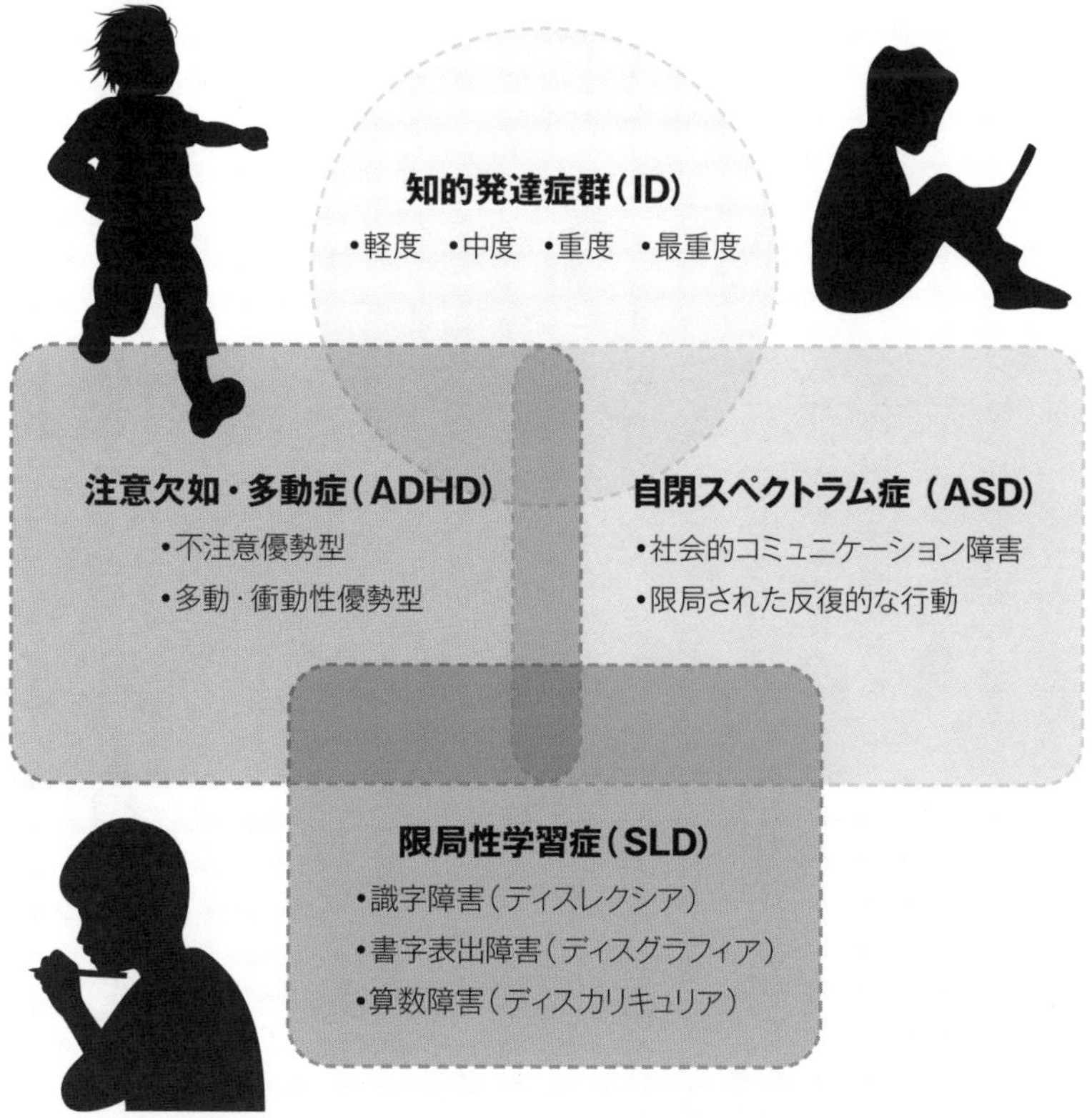
知的発達症群（ID）
•軽度　•中度　•重度　•最重度
注意欠如・多動症（ADHD）
•不注意優勢型
•多動・衝動性優勢型
自閉スペクトラム症（ASD）
•社会的コミュニケーション障害
•限局された反復的な行動
限局性学習症（SLD）
•識字障害（ディスレクシア）
•書字表出障害（ディスグラフィア）
•算数障害（ディスカリキュリア）

運動症群（MD）

コミュニケーション症群（CD）

その他の神経発達症群

自閉スペクトラム症は他の発達障害と併存しやすい

自閉スペクトラム症は、知的発達症群、注意欠如・多動症、限局性学習症のほか、発達性協調運動症と併存することがわかっています。また、注意欠如・多動症と限局性学習症はコミュニケーション症群と併存するなど、発達障害は複雑に絡み合っているのです。

09

発達障害の種類によって社会性の現れ方は大きく異なる

同じ診断名でも特性はさまざま

発達障害の人の社会性の現れ方は、特性によって大きく異なります。たとえば、「自閉スペクトラム症（ＡＳＤ）」には「孤立型」「受動型」「積極奇異型」「尊大型」という4つのタイプがあります。

孤立型は、人と関わらないことで安心するタイプで、周囲の人に対する関心が薄く、逆に警戒することさえあります。そのため他人がいないかのように振る舞い、視線を合わせず、親愛の情も示しません。

受動型は、人とは関わることはできますが、積極性はないタイプです。誘われれば一緒に行動しますが、主体的に自分から誘うことはありません。従順で命令に従いやすく、嫌なことでも受け入れてしまうのも特徴です。

積極奇異型は、積極的に人と関わろうとしますが、やたらと距離感が近く一方的で、馴れ馴れしいタイプです。また、相手や状況を考えずに一方的に話す、自分の話したいことのみ話すという特徴があります。いわゆる「空気が読めない人」で、迷惑に思われていることに気がつきません。

尊大型は、他人を見下す態度で接するタイプです。自分の主張をふりかざし、こだわりを押しつけ、強圧的な態度で従わせようとします。

自閉スペクトラム症ひとつとっても、これほど大きな差が存在するわけです。さらに、特性の現れ方は個人差も大きいため、強く現れる人もいれば、弱く現れる人もいますので、特性は千差万別で人それぞれであることを理解しておきましょう。

自閉スペクトラム症の4つのタイプ

孤立型

- 人と接しないことが安心
- 友達に無関心、または警戒する
- 他人がいないかのように振る舞う
- 親愛の表情や感情を示さない
- 周囲への関心が薄い　　など

受動型

- 集団内で人と関わることはできるが、自分から積極的に関わろうとしない
- 誘われれば一緒に遊ぶ
- 主体性がなく流されやすい
- 従順で命令に従いやすい　　など

積極奇異型

- 積極的に他人と関わろうとするが、関わり方が一方的で距離感が近い
- 初対面でも馴れ馴れしい
- 相手や状況を考えず一方的に話す
- 自分が話したいことだけを話す　など

尊大型

- 他人を見下す態度をとる
- 自分の主張をふりかざす
- 自分のこだわりを押しつける
- 強圧的な態度で周囲の人を圧倒しようとする　　など

10

診断基準は時代によって大きく変化する！

診断名よりも特性で判断しよう

発達障害の診断基準は、『DSM』が基準になっているということは、すでにお伝えしたとおりです（20ページ参照）。現在の『DSM－5』は2013年に改訂されたもので、それ以前は『DSM－4』が診断基準として19年間使われてきました。

この改訂では、発達障害が「神経発達症群」にまとめられたほか、「小児自閉症」や「アスペルガー症候群」「小児期崩壊性障害」「特定不能の広汎性障害」などを含む「広汎性発達障害」と呼ばれていたものが、**「自閉スペクトラム症（ASD）」というひとつの診断名に統合されました。**アスペルガー症候群の名称は広く知られていますが、実は診断名としてはすでに存在しないのです。また、**「レット症候群」は原因が染色体の異常であることがわかり、自閉スペクトラム症と関連がないために項目から除外されています。**

そのほか、この改訂で「コミュニケーション症群（CD）」が神経発達症群に追加され、「注意欠陥・多動性障害」が「注意欠如・多動症（ADHD）」に変わりました。このように『DSM』の改訂に伴って、分類の移動、診断名の変化、診断名の消滅、診断基準の変化といったことが起きるわけです。その結果、「アスペルガー症候群」と診断された人が、今は「自閉スペクトラム症」と診断されます。

つまり、発達障害の人を理解するためには、診断名よりも「どんな特性があるのか？」に着目するほうがより重要だと言えるのです。

症状は同じでも診断基準の変化で病名も変わる

『DSM-4』での診断名	『DSM-5』での診断名
広汎性発達障害 •自閉症 •アスペルガー症候群 •小児期崩壊性障害 •特定不能の広汎性障害	**神経発達症群 / 神経発達障害群** •自閉スペクトラム症／自閉スペクトラム症障害
•レット症候群	診断名から除外
•注意欠陥・多動性障害	•注意欠如・多動症
診断名の記載なし	•コミュニケーション症群

『DSM-4』は、1994年から19年間、診断の基準として使われていました。現在では使われていない診断名もあり、診断基準も現在とは異なります。

『DSM-5』では、発達障害は神経発達症群という大分類にまとめられました。また、それまで症状の違いで細分化されていた自閉症の診断名が「自閉スペクトラム症」に統合されています。

診断名にとらわれずに、個々の特性に応じた対応が重要！

医療機関を受診して発達障害と診断されると、必ず診断名がつきます。診断名は個々の持っている特性をカテゴライズするにはわかりやすいのですが、一番大切なことは「持っている特性」が、どのようなものかを理解し、適切な対応をすることだと覚えておいてください。

11 医療機関や周りの人と行う発達障害の主な治療法

社会生活への適応を支援する

発達障害は、その人が生まれつき持っている特性であり、さまざまな感覚、ものの捉え方、考え方と深く結びついています。そうした部分を変えることはできませんから、発達障害そのものを根本的に治すことはできません。そのため、**発達障害の治療では、日常生活や社会生活を送るうえでの不適応を軽減できる方法を見つけることが中心になります。**

子どもの発達障害の場合、医療と教育・育成を合わせて行う「療育」「児童発達支援」を受けられます。個々の発達状況や困りごとに応じて支援計画を立てて実行する「療育支援」のほか、「日常生活の支援」「保護者の支援」があります。

また、「自閉スペクトラム症（ＡＳＤ）」や「注意欠如・多動症（ＡＤＨＤ）」に対しては、「心理社会的治療」や「環境調整」が行われます。

心理社会的治療は、発達障害の人自らがさまざまな状況に応じて、適切な行動がとれるように支援するための治療法で、**社会生活に適応するためのスキルを学ぶ「ソーシャル・スキル・トレーニング」や子どもの行動を理解し、関わり方を親に知ってもらう「ペアレント・トレーニング」があります。**「環境調整」は、文字どおり家庭や学校、職場で発達障害の人が生活しやすいように周囲の環境を工夫、調整するものです。

こうした治療で改善が見られない場合や、二次障害で精神疾患を発症した場合は、薬物療法が用いられることもあります。

発達障害の治療と支援

医療と教育・育成を合わせて行う「療育」「児童発達支援」

児童発達支援は、障害のある子どもに対し、身体的・精神的機能の適正な発達を促し、日常生活及び社会生活を円滑に営めるようにするために行う、それぞれの障害の特性に応じた福祉的、心理的、教育的及び医療的な援助である。

出典 :『児童発達支援ガイドライン』厚生労働省より抜粋

療育支援

最初に、子どもの発達状態に合わせた支援を行うために、ひとり一人に個別支援計画書を作成し、それに基づいてさまざまな支援を実施します。

日常生活の支援

療育施設において、発達障害の子どもの着替えや食事、排泄などの日常生活の支援を行い、その方法を身につけてもらい、ひとりで実践できるようにします。

保護者の支援

発達障害の子どもと一緒に暮らす保護者に対して、子どもとの接し方を教えたり、悩みを聞いたりして解決方法を一緒に考えるなどのサポートを行います。

「心理社会的治療・環境調整」と「薬物療法」

ソーシャル・スキル・トレーニング

発達障害の人が、自らの特性を知り社会生活に適応するためのスキルを学ぶトレーニングです。複数人で集まり、よくある場面のロールプレイをすることで、さまざまなストレス状況に対処するスキルを学びます。

ペアレント・トレーニング

親に子どもの特性を知ってもらい、正しい接し方を学んでもらいます。子どもの望ましい行動を強化し、望ましくない行動を強化しないための方法について訓練します。

薬物療法

心理社会的治療や環境調整などでは改善が困難な場合、薬物療法も選択肢となります。注意欠如・多動症の症状を緩和する効果のある薬は6歳から処方してもらうことができます。

環境調整

本人、家族、周囲の人を対象に、家庭、学校、職場などでの周囲の環境を整えることで、発達障害の人が周りの状況に合った行動をとりやすくするための工夫をします。

特別インタビュー

Vol.1

就労移行支援事業所を卒業し、今は自立を目指し社会人として活躍するOさん（32歳・男性）にお話しを伺いました。

――今の仕事について教えてください。

Oさん：携帯電話会社の特例子会社でビルのクリーニングの仕事をしています。今年で6年目です。

――どんなお仕事ですか？

Oさん：ビル内の食堂や廊下、トイレなどの清掃で、午後は古い携帯電話の分解などもやっています。分解の仕事は懐かしい機種に触れることができて楽しいですし、作業中は気分が落ち着きます。

――苦手な仕事はありますか？

Oさん：以前はトイレ清掃が苦手で時間がかかっていましたが、だいぶ仕事にも慣れ、今ではすっかり上達して、複数の仕事を午前中で終えられるようになりました。

――今の仕事に就くまでの経緯を教えてください。

Oさん：一度は大学に進学しましたが思うようにいかなくて……1年で休学し、しばらくして中退しました。そのあとは就労支援施設やトライアル雇用、特別支援学校なども経験して、そのなかで今の職場を紹介していただきました。

――職場ではどんなことに注意していますか？

Oさん：どうしても思ったことを口にしてしまうので、それで人間関係がギクシャクしたり、相手に圧力をかけてしまったり、ということが何度かあったので、接し方には気をつけています。

あまり話したくはないんですが……、じつは最近も仕事中に居眠りしていた人を注意したんです。自分のなかではルールに反することを指摘しただけなんですが、そういうのがきっかけで同僚の人と仲が悪くなってしまって……。人づき合いは苦手なんですけど、人のことが気になってしかたないんです。

――それを相談できる人はいますか？

Oさん：はい。仲介に入ってもらって、今は解決しました。その人とはなるべく関わらないようにしています。

――他に仕事で悩みはありますか？

Oさん：悩みというほどではないですが、仕事が7時スタートなので、朝5時には起きなければならないのがちょっとつらいですね。仕事中に眠たくなることもあるので、もう少し時間が遅ければいいなと思うことがあります。

――朝ご飯はどうしていますか？

Oさん：母親が起きていないこともあるので、そういうときは自分でコーンフレークなど簡単な食事を用意して食べるようにしています。

――休日は何をしていますか？

Oさん：ゆっくり寝たいんですが、早起きのクセがついてしまって、朝6時くらいになると目が覚めます。昼間は出かけたり、ショッピングしたりが多いです。

PART ❷

発達障害の子どもによくある症状＆対処法

01 同じ症状名でも特性の現れ方は人によって違う

症状名だけで特性は決まらない

ひと口に発達障害といっても、それによって現れる特性はさまざま。たとえば「自閉スペクトラム症（ASD）」と診断された人のすべてが「場の空気や人の表情を読むのが苦手」「人とのコミュニケーションが上手にできない」といった特性を必ずしも持っているわけではなく、**人によって特性の現れ方や程度の強弱は違っているのです。**相互のコミュニケーションが難しい子どもがいる一方で、呼びかけに応じたり、自分から積極的に話しかけたりできる子もいるので、単純に症状名だけで「この子はこういう特性がある」と決めつけてしまうのは避けるべきでしょう。たとえるなら、双子やきょうだいでもそれぞれに個性があり、性格が違っているのと同じことなのです。

また、発達障害に見られる特性のいくつかは、**成長とともにその程度が弱まり、次第に目立たなくなっていくこともあります。**療育などを通じてさまざまな経験を積み、社会のルールに触れることで、その時々の状況に合わせた好ましい身の振る舞い方、適切な発言の内容などを学び、次第に適応できるようになっていくのです。

成長や経験によって特性自体が消えてなくなることはありません。しかし、毎日の生活の中にある困りごとを周囲の人々がサポートし、社会のルールをわかりやすい形で示してあげることで、子どもの適応力は育っていきます。ひいてはそれが生きづらさの軽減にもつながっていくのです。

生きづらさを克服するには、「適応力」が大切

自閉スペクトラム症（ASD）

コミュニケーションが苦手、特定の物事に強いこだわりがある、パニックを起こしやすいなど、社会性に難がある。こうした特性が強いと日々の生活でのストレスも多く、生きづらさを感じているケースも少なくない。

注意欠如・多動症（ADHD）

年齢や発育に対して注意力が足りない。衝動的な行動や発言が多く、日頃から落ち着きがない。集中力が持続しないなどの特性が見られる。重度になると日常生活に支障をきたすことも。

限局性学習症（SLD）

文章を流暢に読む、文字や数字を正確に書く、ひっ算や暗算の計算をするなどの学習行為が困難、あるいは人より時間がかかってしまう特性。知能全般の遅れはないため、知的障害ではない。

療育などを通じてルールを覚えることで「適応力」がつく

02 「グレーゾーン」という言葉に惑わされてはいけない

「グレーゾーン＝症状が軽い」は間違い

発達障害の有無や状態について語るとき、よく使われる言葉のひとつに「グレーゾーン」というものがあります。この**グレーゾーンとは、発達障害の特性や疑わしい言動はいくつか見られるものの、診断基準を満たしていないために、現時点では確定診断がつけられない状態のことです。**

一部には「診断基準を満たしていない」という部分を都合よく解釈し、「つまり、発達障害ではない」、あるいは「症状が軽い（＝特性が弱い）」と楽観的に考えてしまう人もいるようですが、それは大きな間違い。そもそも「グレーゾーン」というのは医学的な診断名ではなく、今の段階ではまだ診断名こそつけられないものの、「発達障害の傾向は見られる」という意味で使われるのが一般的です。

最近は発達障害という言葉が広く知られるようになったことで、子どものちょっとした言動や振る舞いから「うちの子、もしかして発達障害かも？」と過剰に反応してしまう親御さんも増えているといいます。よその子と比べて言葉の覚えが遅かったり、感情表現が苦手で喜怒哀楽を表に出すことが少なかったりすると、誰でも「もしかして……？」と不安な気持ちになるものです。このように**気になる様子や行動に気づいたときは、それがどういうときに見られるものか普段の生活をよく観察し、きっかけや原因を探ってみましょう。**そうして子どもが抱えている問題や困りごとを理解し、悩みを共有することで対処法が見えてくることもあります。

間違われがちな言動の一例

起きられない・居眠りする

発達障害には睡眠に問題を抱える人も多くいますが、それだけで発達障害と決めつけるのは早計です。就寝時間や生活のリズムを見直すことで改善するケースも少なくありません。

言葉が遅い・話さない

発達障害により言葉の遅れやコミュニケーションを困難に感じることもあります。障害の有無に関係なく同様の兆候が見られることもあるので、注意深く見守りましょう。

怒りやすい・暴力的

幼児期に癇癪を起こしたり、暴力を振るったりするのは、感情のコントロールがうまくできないため。あまり頻度が高いようなら一度、専門家に相談してみましょう。

他の子より体格が小さい

子どもの成長が遅い、体格が小さいことで発達障害を疑う人もいますが、それは間違い。両親の体つきや生まれた時期（早生まれや遅生まれ）によって個人差が出るのは通常なことです。

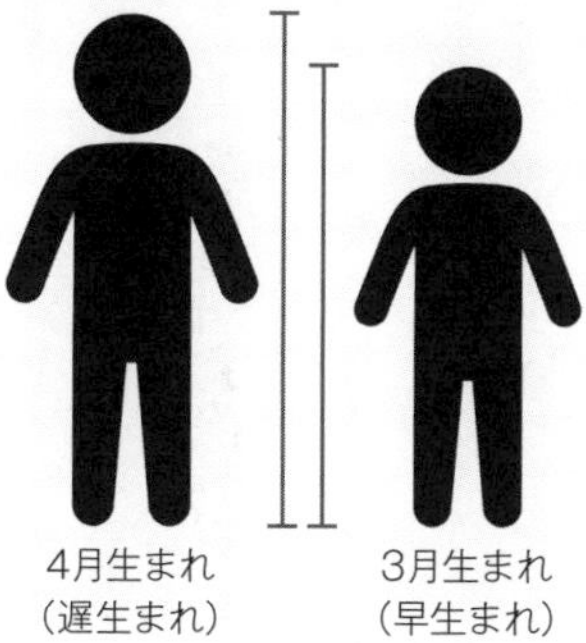

03

「様子を見ましょう」と言われたらどうしたらいい？

一度の診察ですべてはわからない

初めて診察に訪れた病院で、「お子さんは自閉スペクトラム症ですね」などといきなり確定診断をつけられることはあまり多くありません。たいていの場合、「しばらく様子を見てみましょうか」と提案する医師がほとんどだと思います。大切なお子さんの将来に関わることですから、親御さんからしてみれば、「そんな悠長な！」とか「一刻も早く白黒はっきりさせてほしい」と気持ちが焦り、さらに不安をつのらせてしまうかもしれません。しかし、大切な将来に関わることだからこそ、**じっくり時間をかけて慎重に見極める必要があるのです。**

特に小さな子どもの場合、そのときの機嫌や状態によって言動はコロコロと変化します。病院のような慣れない環境では、緊張して借りてきた猫のようになり、普段ご家庭で見せる様子とはまるで違ってしまう子も少なくありません。**発達障害の診断で大切なのは家族と医師がその子をよく理解し、どんな不安や生きづらさを抱えているのかを共有すること**ですから、そこに至るまでに多少時間がかかるのは仕方ありません。焦らず、根気よく相談や診察を続けてみてください。

　また、医師に「様子を見ましょう」と言われたら、左ページに挙げた4つのポイントを忘れずに確認しておきましょう。二、三度通院してみて、医師やスタッフの対応に不安、不満を感じたときは、セカンドオピニオンとして他の相談機関や病院を訪れてみてもいいかもしれません。

医師に聞いておきたい4つのポイント

忘れずに以下のポイントを確認しておこう！

❶普段の生活ですること、注意すべきことは？
❷主にどんなところに注目すればいい？
❸「様子を見る」のはどれくらいの期間？
❹次回の診察日は？

他にも気になることは遠慮せず聞く

普段の生活での接し方、進路の相談、パニック時の対処法など、わからないことはしっかり聞いておきましょう。

いつでも見直せるようしっかりメモをとる

不安な気持ちのときは頭の中も混乱しがち。聞いたことを忘れないようにきちんとメモしておくと安心です。

不安なときはセカンドオピニオンも活用

ケガや風邪と違い、発達障害は担当医や病院とは深く、長い付き合いになっていくケースがほとんどです。対応や診断に不安を感じたときは思い切って他の病院に相談してみてもいいでしょう。

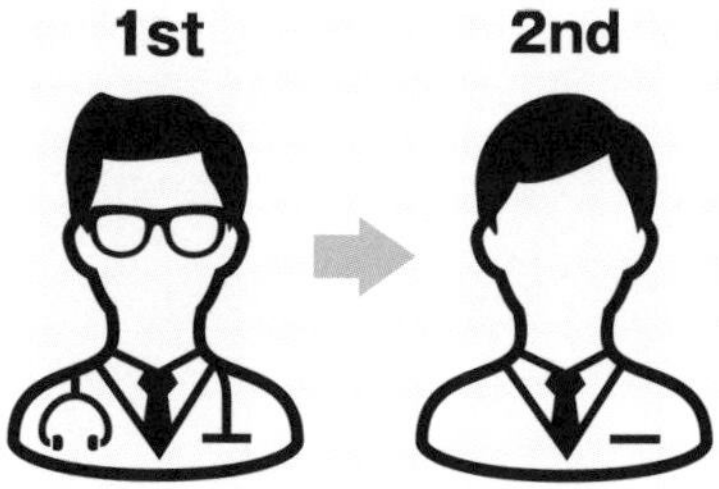

04

子どもの気になる様子にどう対応する？

まずは子どもの「サイン」に気づこう

日々の暮らしの中で子どもたちが時折見せる「ちょっとした違和感」や「独特な言動」に気づいたことはありませんか？　たとえば感情の起伏が乏しい（激しい）、あまり目を合わせようとしない、特定のオモチャや衣服に強いこだわりがあるなど。日頃からよく注意していないと見落としてしまいがちなこうした**様子や行動のなかにも、発達障害のサインが隠れていることは意外と多いのです。**特に初めてのお子さんの場合、比較対象となる子どもが身近にいないと、入園・入学のタイミングまで気がつかないことも多いと言われています。次ページからは発達障害を持つ子どもたちに多く見られる様子や言動と、そうした状況に遭遇したときの関わり方などを紹介しています。

発達障害の有無に関わらず、ほとんどの子どもたちは自分の状態や気持ちを言葉で表現することが上手ではありません。なかには不安や困りごとを隠そうとする子もいます。大人から見てちょっと気になる違和感や言動は、じつは子どもなりのサインということもあるのです。そのサインを見逃さずに理解を示して寄り添うことが不安や生きづらさを和らげる最初の一歩へとつながります。

なお、本書では便宜上、発達障害に多く見られる様子や行動を３つの診断名（自閉スペクトラム症／注意欠如・多動症／限局性学習症）で分類していますが、これらは言動から診断名を断定、あるいは類推するものではありません。

発達障害に分類される3つの症状

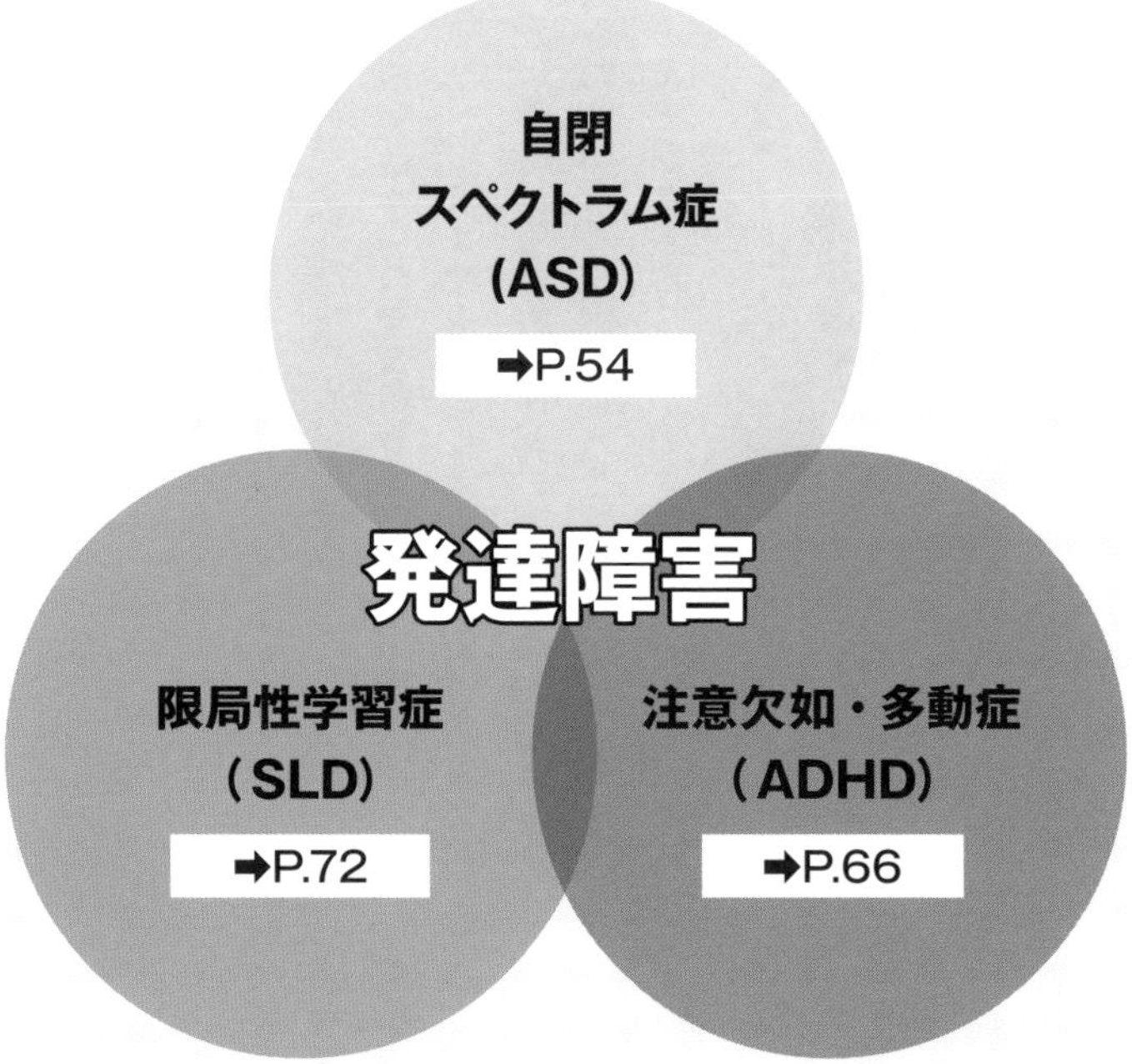
自閉
スペクトラム症
(ASD)
➡P.54
発達障害
限局性学習症
（SLD）
➡P.72
注意欠如・多動症
（ADHD）
➡P.66

自閉スペクトラム症（ASD）

- 人とのコミュニケーションが苦手
- 人の表情を読むのが苦手
- 雰囲気を察することが苦手
- こだわりが強い　など

注意欠如・多動症（ADHD）

- 日頃から忘れ物が多い
- じっとしていられない
- 感情のコントロールが苦手
- 集中力が持続しない　など

限局性学習症（SLD）

- 文字の読み書きが苦手
- 流暢に話すことができない
- 数字や計算が苦手
- 推論が苦手　など

ソワソワ…
モゾモゾ…
……よくわかんない
?
?

自閉スペクトラム症(ASD)の特徴と対応

雰囲気を感じとることが苦手

社会生活を送るうえで「空気を読む」「雰囲気を察する」ことを求められる場面は意外と多くあるものですが、自閉スペクトラム症（ASD）の特性を持つ子どもは、そうした**「雰囲気を察知する」ことがどちらかといえば苦手**です。マイペースな性格と軽く考えてしまいがちですが、実際は脳の機能障害によるもの。自分の振る舞いにより、相手がどう感じるかというところまで想像することができないのです。

対応のポイント

わかりやすくシンプルな言葉で声かけを

表情から読みとるのが苦手

目の前の相手が悲しんでいたり、イライラしたりしていても、まったく気にする素振りもなく平然としている。あるいは感情を逆なでするような言動で相手を怒らせてしまう。こうした**相手の表情を読みとることができないのもASDに多い傾向のひとつ**です。表情だけでなく、身振りや手振り、声のトーン、視線などの複数の感情表現を加えて、少し大げさに表現しても読みとることができない場合があります。

対応のポイント

態度で示すのではなく言葉で伝える

考え方を柔軟に変えることが苦手

ASDの特性を持つ子どもは、状況に応じて自身の振る舞いを柔軟に変えることが上手にできません。場の雰囲気や相手の表情を読むのが苦手だからです。まったく知らない人に馴れ馴れしくしてしまったり、人前では話しづらいようなセンシティブな話題を振ってみたりと、自分が興味を持ったことは遠慮なく口にしてしまいます。悪意のない言葉が相手を傷つけてしまうことも多いので困りものです。

家はどのへん?
服が似合ってないね
太ってるね
!

対応のポイント

ダメなところをわかりやすく具体的に伝える

COLUMN

家族が見た発達障害① 運転見合わせで大パニック （Yさん・40代女性）

家族で出かけていたある日のこと。目的地に向かっている電車が事故のため途中で運行をとりやめてしまった。毎日通勤や通学をしている人にとってはよくあることだが、発達障害のある息子にとっては「いつも同じ時間に、同じ目的地に着くのが電車」と思っていたらしく、突然の出来事にパニックを起こしてしまった。そのときは何とかなだめておさまったものの、以降は外出する際にはいろいろなルートを通るようにして、ルートにはいくつもの選択肢があることを教えるようにしていった。すると、乗り換えルートを探すことに興味を持つようになり、今では電車だけにとどまらず、バスの乗り換えなども駆使して通学ルートを楽しむようになっている。

コミュニケーションをとるのが苦手

私たちは会話を通じて、ごく当たり前に相手がどう受け止めたかを感じとって、表情を変化させたり、続く話題を考えたりしています。しかし、ＡＳＤの特性を持つ子どもはこうした**言葉や表情によるコミュニケーションが苦手**で、会話が弾まない、反応が薄いといったことがよくあります。本人に悪気はないのですが、周囲の人からは「愛想が悪い」「とっつきにくい」と受けとられてしまうことも少なくありません。

対応のポイント

理解しやすい絵や言葉で伝え、成功体験を増やす

言葉で表現するのが苦手

ＡＳＤの特性を持つ子どものなかには、言葉による表現が苦手、あるいは上手ではない子もいます。たとえば何かが欲しかったり、**伝えたかったりするときも言葉を発するのではなく、指をさす、手を引いて連れて行くなどの行動で伝えようとします。**一方で、言葉自体は発するものの、相手の言葉を真似して返す、お気に入りのフレーズを繰り返し口にするなど、会話にならないケースも多くあります。

対応のポイント

感情の変化や欲求にも気づく視点を持つ

特定のこだわりで安心しようとする

ＡＳＤの子はちょっとした変化にも敏感で、不安を感じやすいため、何かにこだわりを持つことで**「いつもと同じ」であることを確認し、安心を得ようとするところがあります。**こだわりの対象は千差万別で車や電車のオモチャ、絵本、地図などさまざまですが、大事なのはその対象物が「いつもと同じ」であること。無理にやめさせようとすると不安から癇癪やパニックを起こすこともあるので注意が必要です。

対応のポイント

無理強いはせず徐々に望ましい行動へ

COLUMN

家族が見た発達障害②（Hさん・30代女性）
ミニカーにパンを入れる理由

男の子でミニカーが好きな子はたくさんいる。息子も同じでたくさんのミニカーを集めては、駐車ごっこや並べて競争させるなど、いろいろな遊びをしていた。ここまではよく見る風景だが、ひとつだけ不思議な遊び方があった。それは「ミニカーにパンを詰める」というもの。最初はいたずらの一環かと思ったが、どうも違うらしい。毎日ミニカーからパンをほじくり出してはきれいに洗い、また翌日にはパンを詰め込んでいる。結局、この行動は2年くらい続いた。それから何年かしたのち、あの行動の理由を尋ねてみたところ、「ミニカーにも食事をさせたかった」とのこと。大好きなものに対して、お礼として食事をあげている感覚だったのである。

コレクションが好き

強いこだわりが収集癖や知識欲といった形で現れることもあります。たとえばミニカーや鉄道模型など特定のオモチャばかり何個も集めてみたり、世界の国旗や百人一首を正確に暗記していたりと、こだわりを深めることで安心感を得ているようです。なかにはただコレクションするだけではなく、一定のルールでオモチャを並べ、それを眺めることで満足感を得るといったケースもあります。

対応のポイント

宝物であることを理解し、一緒に整理する

同じ動作やルールに執着する

体を揺らす、手を叩く、爪を噛むなどの同じ動作を繰り返すことを「常同行動」といいます。**ストレスや不安を感じたときに決まった行動をとることで「いつもと同じ」を確認し、安心感が得られるのです。**一方でさまざまなルールを守ることに固執する子どももいます。ルールに従うことで「いつもと同じ」状態を保ち、想定外の変化による不安やパニックを避けるためだと考えられています。

〈常同行動の一例〉

- 身体を揺らす
- 匂いを嗅ぐ
- ジャンプし続ける
- 手をヒラヒラさせる
- くるくる回る

など

対応のポイント

無理にやめさせず、ある程度は容認する

マルチタスクが苦手

雑誌を読みながらご飯を食べる、おしゃべりしながら服を着替えるなど、私たちは普段から特に意識せず、複数の動作を同時にこなしています。しかし、ASDの子どもはこうしたマルチタスクにうまく対応できません。本を読むなど主に目を使っているときは、**食事の手が止まってしまったり、咀嚼するのを忘れたりします**。当然、そのタイミングで話しかけられても聞き逃してしまうことがほとんどです。

対応のポイント

やることは順番を決めて
ひとつずつ

COLUMN

家族が見た発達障害③（Eさん・40代女性）
大事なのは物事の頼み方

学校生活が始まっていくと、親だけではなく本人にもいろいろとやることが出てくるもの。宿題や明日持っていくものなど、多くのタスクが重複する日もある。しかし、いろいろなことを同時にこなそうとすることで一気に情報量が増え、行動がストップしてしまうこともあった。そこで複数のやるべきことをこなすためにいろいろと工夫をしてみた。そのひとつが「順番を決めてあげる」というもの。明日までに必要な事柄・物を親が把握して、どの順番でやっていくかを提示する方法だ。学校であったことを聴きながら、明日の提出物を確認。それを「じゃあ、○○してから××しようか」と順番を決めてあげると、目標が定まるため、やりやすそうであった。

さまざまな感覚過敏がある

人間には視覚、聴覚、触覚、嗅覚、味覚の五感があり、これらの感覚を通じてさまざまな情報を得ています。しかし、ASDの子どものなかには特定の感覚に偏りがあり、**定型発達の人とは感じ方が違うことで、それが強いストレスになっている場合もあります。**また、感覚の偏りは敏感なだけでなく、鈍感なこともあり、なかには痛覚が鈍いため、大きなケガをしていることに気がつかないこともあります。

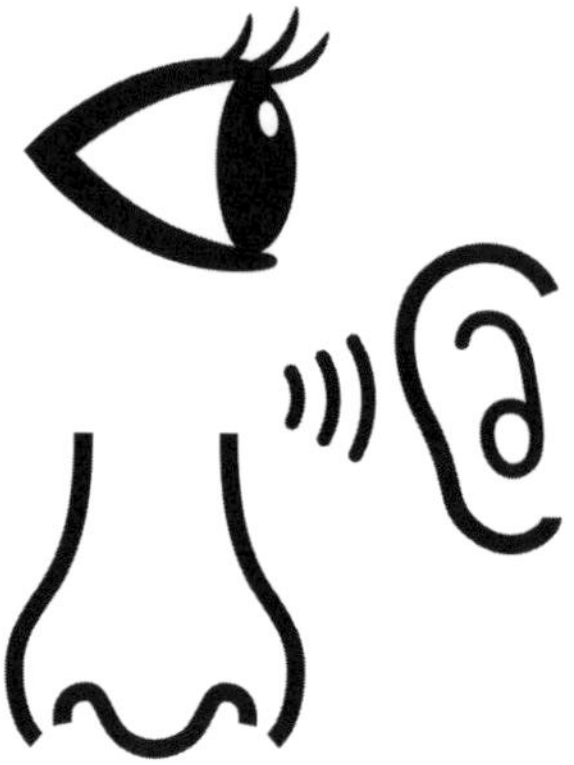

対応のポイント

感覚の特性をきちんと理解して配慮を

触覚過敏とは

服の裏側にある縫い目やタグが肌に触れると痛みやかゆみを感じる。服以外に人や物が触れても嫌がることもある。

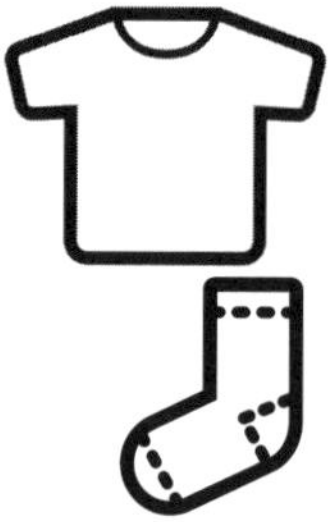

視覚過敏とは

照明の明るさやチラつきに過剰に反応してしまう。白と黒など極端な色のコントラストをきついと感じることもある。

聴覚過敏とは

大きな音を聴くと強いストレスや痛み、恐怖を感じてしまう。たくさんの音や会話を聞き分けることも苦手である。

嗅覚過敏とは

強い臭いを感じると拒否反応を示す。花の香りやパンの焼ける匂いなどの好ましい香りでもつらいと感じることもある。

痛覚鈍感とは

痛みに対する感覚が鈍く、ケガをしても気づかなかったり、血が出るほど掻いたりしてしまうことなどがある。

味覚過敏とは

一般的な味つけを濃いと感じる、特定の食感や温度を嫌がるなどの傾向が見られる。こだわりが強いと偏食になることも。

平衡感覚不全とは

体のバランスをうまくとることができず、常に姿勢が悪かったり、ふらついていたりする。だらけ癖と誤解されることも。

圧覚過敏とは

体を抱きしめられたり、締めつけの強い服などを嫌がったりする。圧迫感を痛みとして感じてしまうこともある。

COLUMN

家族が見た発達障害④（Sさん・50代女性）
想像もしなかった驚くべき食感

発達障害の子は食べ物の好き嫌いが多い傾向にあるという。そう言われてみると確かにそのような気もするが、「苦いからピーマンが苦手」といったような、よく耳にする理由とは違っているようだ。息子が幼少の頃、とにかくコーンフレークが苦手であった。ソフトクリームもコーンの部分は苦手で、特にフレーク状になっていると、それはもう本当に嫌だというようなしかめっ面をしていたのである。大きくなってから本人に聞いてみたところ、「まるでガラスを食べているような食感があり、シャリシャリという音が苦手だった」とのこと。食べ物がガラスのような食感がするなど考えてもみなかったので、その感覚の違いにとても驚いたものである。

音で聞くより絵で見たほうが得意

ＡＳＤの特性を持つ子どものなかには、言葉で詳しく説明されても、それを脳内でうまくイメージできないというケースも少なくありません。**言葉で伝えるより、イラストや写真、文字などで見せてくれたほうが瞬時にイメージできて、その後も記憶に残りやすいのです。**まさに「百聞は一見にしかず」のことわざどおり。思考を視覚的に捉えているため、言葉や音声は聞いていても情報として残りにくいのです。

対応のポイント

何かを伝えるときは、
絵や文字にしてみる

漠然とした表現が苦手

普段、生活のなかで何げなく使っている「ちょっと」「そろそろ」「きちんと」「たくさん」などのあいまいな表現。便利な言葉なのでついつい多用してしまいがちですが、ＡＳＤの特性を持つ子どもにはこうした**抽象的な言い回しは理解できません。**また、「おはよう」や「こんばんは」といった挨拶の言葉も意味はわかっていてもそれを使い分けるタイミングがわからないというケースも多くあります。

〈あいまいな表現の一例〉

- ちょっと
- すぐに
- そろそろ
- すごい
- まあまあ
- たくさん
- あれ／これ

対応のポイント

短く具体的な表現を
使うことを心がける

全身運動や手先が不器用

私たちが普段、当たり前のようにやっている「歩く」「走る」「一定の姿勢をキープする」といった体の動作も、ASDの特性を持つ子どもにはうまくできないことがまれにあります。**これは脳からの指示が体の隅々までスムーズに伝わっていないため。手足の感覚や力の加減がよくわからない**という子も多く、服のボタンの留め外しや靴下を履くといった動作を苦手に感じてしまうケースもあります。

対応のポイント

必要な支援や環境を整え、負担を軽減

COLUMN

家族が見た発達障害⑤ もっとも苦手な運動会での一コマ（Kさん・40代女性）

息子はとにかくスポーツが苦手であった。スポーツというよりも規律や順番、決まった行動が求められる体育という授業そのものが苦手なようだ。だが年に1回は運動会が開かれるため、時期が近づいてくると体育の授業も増えていく。その頃は毎日憂鬱そうな顔をしていたものだ。ある年、運動会で障害物競走に参加することになった。橋を渡り、網をくぐり抜け、麻袋に足を入れて走る、というごく普通の内容だ。他の子どもたちは軽い身のこなしで次々と進んでいくが、息子はとにかく遅い。でもそれは悪いことではなかった。失敗しないように慎重に競技を進めていたのである。順位はビリだったが、一度も失敗しないという本人の目標は達成できたのだ。

自閉スペクトラム症(ASD)との関わり方

声かけはできるだけシンプルに

話しかけるときは要点を具体的にして、話は短くシンプルに。「ちょっと」「すぐ」などの抽象的な表現や「あれ」「そこ」といった代名詞は使用を控えましょう。日頃から伝え方を統一しておくと、環境が変わっても伝わりやすくなります。

集中できる静かな環境を確保

日頃から癇癪やパニックを起こしやすい、あるいは感覚過敏がある場合は、外部からの刺激が少ないような静かで落ち着ける場所を確保するといいでしょう。人の出入りや華美な装飾が少ない場所のほうが気分も落ち着きやすいです。

活動内容をわかりやすくする

「いつもと同じ」であることで安心感を得る子どもの場合、1日の活動予定をわかりやすく視覚化してあげると不安を和らげることができます。時間割のようなものでもいいですが、イラストや写真も添えるとより理解がしやすくなります。

始まりから終わりを明確に

時間の感覚があいまいだったり、先行きが見えなかったりすることで不安を感じてしまう子どもに対しては、タイムスケジュールを明示してあげましょう。時間ではなく「今日は◯ページまでやります」と活動の終わりを示してあげるのもわかりやすいです。

成功体験でやる気を育てる

何かにチャレンジするときは、焦らずに「小さな一歩」から。この小さな「できた」の積み重ねが自信や達成感となり、次へのやる気を育てるのです。興味や関心の幅が狭い子どもは好きなものをチャレンジに組み込んで好奇心を引き出してみましょう。

パニックを起こしても叱らない

子どもがパニックを起こすと、親も動揺してしまいがちですが、叱るのは逆効果です。一旦、静かな場所へ連れていき、気分が落ち着くのを待ちましょう。パニックが収まり、冷静になったら我慢できたことをしっかり褒めてあげてください。

興味や関心に広がりを

興味や関心に偏りがあるからといって、無理やり他のものに目を向けさせようとするのはよくありません。好きな遊びをするなかで、「こんなのもあるよ」と新しい遊びやオモチャも提案し、少しずつ興味の幅を広げてあげるといいでしょう。

自分ひとりで抱え込まない

発達障害は一生付き合っていくことになる個性のひとつです。家族の問題と抱え込まず、まずは専門家に相談してアドバイスを受けることをおすすめします。本人が感じている生きづらさや悩みごとを解決する糸口もきっと見つかるはずです。

注意欠如・多動症（ADHD）の特徴と対応

じっとしているのが苦手（多動性）

小さな子どもはとにかく活発に動き回り、何にでも好奇心を示しがちで、同じところに長い時間じっとしていることができないものです。しかし、注意欠如・多動症（ADHD）の特性を持つ子どもは、他の子どもと見比べると少し様子が違うことがわかります。**周囲の状況を見て自身の言動をコントロールすることができず、衝動的に動き回ったり、話し始めたりしてしまうのです。**無意識で体が動いてしまうこともあり、自分で抑えることはできません。

対応のポイント

抑えるのではなく、動ける時間や役割を作る

多動性に見られる特徴や行動

話し始めると止まらない

「口の多動」の場合、相手に話す間を与えず一方的に話し続ける、人の話を途中でさえぎる、話題がコロコロ変わるといった傾向が見られる。

じっとしていられない

常に体がモゾモゾ動いてしまう、周囲の状況とは無関係に突然立ち上がり、歩き回るなど「体の多動」はじっとしていることが苦手。

忘れやすく集中するのも苦手（不注意）

何かに集中して取り組むことが苦手、気が散りやすく集中力が持続しない、持ち物をなくしたり、忘れたりすることが頻繁にある。こうした様子や行動もADHDに多く見られる特性のひとつです。どれも小さな子どもであれば、さほど珍しいことではないですが、問題はその頻度が高いこと。本人の不注意や努力不足によるものではないため、すぐに解決できるものでもなく、学校などで繰り返し注意を受け、思い悩んでしまう子も少なくないようです。

対応のポイント 気が散らないよう静かで落ち着いた環境作りを

不注意に見られる特徴や行動

集中力が途切れやすい

集中状態を持続させるのが苦手で、他の刺激で気が散りやすい。本人の興味や関心が薄い事柄、物に対しては集中すること自体が難しいことも。

忘れものや遅刻が多い

必要なものを忘れてくる、なくしてしまうことが頻繁にある。物をおいた場所がわからなくなったり、約束をうっかり忘れてしまうことも少なくない。

感情や欲求のコントロールが苦手（衝動性）

自分の気持ちや欲求をうまくコントロールすることができず、周囲の状況などお構いなく、自由気ままに行動してしまう子どもがいます。

これはADHDの特性のひとつである「衝動性」によるものかもしれません。たとえば人の話を聞かず、自分の言いたいことだけを一方的に話す、列や順番を守らない、思い通りにならないと癇癪を起こすなど、自分の行動や発言を抑えることができません。突然の言動に周囲の人々を驚かせてしまうこともよくあります。

対応のポイント　行動する前に声をかけて、気づかせるきっかけに

衝動性に見られる特徴や行動

順番を待つのが難しい

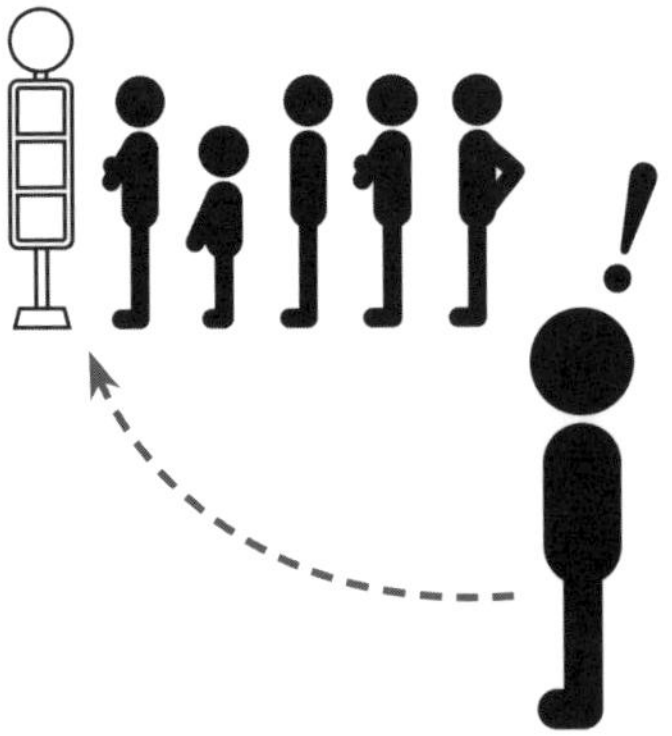

バスや電車に乗車するための列やレジの順番待ちなど、ルールに従って並んだり、自分の順番が来るのを待ったりすることができない。

喜怒哀楽が激しい

その時々の感情がダイレクトに表情や言動に出るため、思いどおりにならずにイライラして周囲を怖がらせたり、孤立する原因になったりすることも。

スペシャリストコラム①

成長とともに変化するADHD

走り回る、泣き叫ぶ、他の子に乱暴をするといった行動が目立つ子どもがADHD（注意欠如・多動症）と診断されることがある。

1歳を過ぎ、歩けるようになって間もなく、消火器に向かって走り、倒そうとした子がいた。小さいときに心配なのは「危ない」ことだ。保護者は常に目を離すことができないと嘆く。

しかし、こうした行動は成長と共に落ち着いてくる。小学4年生まで椅子に座り続けることのできない子がいた。あるとき、急に椅子から立ち上がって逆立ちをしたので、理由を尋ねると「したかったから」と話した。衝動的と言える。その1年後、彼は着席行動が安定してできるようになり、中学生になると「図書館の本を全部読む」と宣言。大変な読書家になり、読書感想文で賞をとるほどになっている。

多動な子どもには「過度な集中」ともいえる姿が見られることがある。「好きこそものの上手なれ」という言葉があるが、まさしくそのとおりで自分の興味のあるものには脇目も振らずに突き進んでいく。かつて消火器に突っ込んでいった子も同じ理由だったのかもしれない。

ADHDの子が成長に従って落ち着いてくるのは間違いない。その境目は小学校3、4年あたりともいわれている。この時期は脳が子どもから大人へと成長し、変化する時期でもあることから、脳の成長が行動の安定に少なからず影響しているようだ。

一方で、大人になってから「自分は多動ではないか」と相談に訪れる人もいる。子どもの頃は正反対で大人しかったという人もいるが、これは多動ではなく、成長に連れて活発になっていっただけかもしれない。

多動の特性は大人の主観に影響される部分が大きい。たとえば多動症は「活発」に、衝動性は「好奇心が旺盛」に、感情のコントロールができないのは「感情が豊か」と言い換えることもできる。実際このように表現したほうが子どもの本来の姿や個性をより的確に表わしていると感じられるだろう。

注意欠如・多動症(ADHD)との関わり方

多動性への対処

動ける時間、環境を用意する

多動性のある子どもはじっとしていることが苦手です。「じっとしていなさい」と叱りつけるのではなく、自由に動いても構わない環境を用意してあげましょう。難しければ定期的に休憩を挟み、体を動かせる時間を作ってあげるのも効果的です。

動いてもいい役割を与える

学校の授業中など自由に動き回ることが難しい環境では、プリントの配布や提出物の回収など、何らかの役割を与えてあげるといいでしょう。一時的にでも体を動かすことのできるタイミングがあるだけで、気分的にはだいぶ落ち着くはずです。

忘れ物がないか一緒に確認

明日の準備をするときは必ず親御さんがその場について時間割や持っていく物を一緒に確認してあげてください。どの授業で何を使うか、ひとつずつ言葉に出しながらカバンやランドセルに入れていくことで忘れ物をなくすことができます。

気が散る原因を減らす

視界に入るもの、聞こえてくる音などに敏感に反応して気を散らしてしまいがちです。集中が必要なときは華美な装飾がなく、静かな環境を用意してあげましょう。定期的に休憩を挟んで、気分転換させてあげることも大切です。

不注意への対処

行動する前に声をかける

ふいに何かを思いついたり、興味を惹かれるものが目に入ったりすると衝動的に行動してしまいがちです。そうした子どもの様子に気がついたら、何か行動を起こす前に「走らないでね」「順番に並ぼうね」などと声がけをして注意を促してあげましょう。

些細なことは気にしすぎない

子どもの衝動的な言動で恥ずかしい思いをしたり、周囲に迷惑をかけたりすることはよくありますが、そのたびに怒ったり、悩んだりするのはよくありません。些細なことは大目に見て、気にしすぎないようにしましょう。怒られてばかりだと子どもは自信をなくしてしまいます。

走らないでね～
あ、犬だ！

衝動性への対処

＼すごいね！／
よくできました

情緒不安定への対処

成功体験で自信をつける

何かが上手にできたときは誰でも嬉しいものですし、そのことを誰かに褒められれば喜びは倍増します。日常のほんのちょっとしたことであっても、「できた！」という体験を積み重ねていくことは自信につながり、「次も頑張ろう！」という子どものやる気も育ててくれます。

みんなの前で注意はダメ

子どもが失敗をして、そのことで注意をするときは自尊心に配慮し、誰も見ていない場所でマンツーマンで話すといいでしょう。またよくなかった点を短く簡潔な言葉にすることで、要点が伝わりやすく、余計な言葉で子どもの心を傷つけることも防げます。

限局性学習症（SLD）の特徴と対応

読むことや書くことが苦手

限局性学習症（SLD）の特性を持つ子どものなかには、普通に会話をすることはできても、**書かれた文字や文章を読んだり、字を書くことが苦手だったりする子も多くいます。**たとえば、「は」と「ほ」、「わ」と「れ」のように形の似た文字を間違える、言葉のまとまりがわからず一字ずつ読む、小さな文字で書く「ゃ」「ょ」「っ」などの拗音、促音がうまく発音できない、漢字の書き間違いが多い、文字の形や大きさがバラバラでまっすぐに書けないなど、多様な症例が確認されています。

対応のポイント　わかりやすい教材や学習方法を工夫してみる

読み/書きが苦手な子に見られる特徴

よくわかんない…
ね？ わ？ れ？

「わ」「ね」「れ」などの形が似ている文字や、「へ」「く」のように回転させると似て見える文字の判別ができずに書き間違えてしまうことがある。

く…ま…さん
…か…ふく…
ろ……あけ…

「うみ」「は」「あおい」のように意味で区切ることができず、一字ずつ読んでしまう。拗音や促音、濁音などをうまく読めないこともある。

聞くことや話すことが苦手

人が話していることをうまく聞きとれなかったり、内容を理解できなかったりすることがあります。また、相手の話は理解できても、自分の思いや考えを整理して話すことが苦手な子どももいます。いずれもSLDに見られる特性のひとつです。コミュニケーションが思うようにできないため、ひとりで思い悩んでしまったり、「変わった子」と誤解されたりすることも多いようです。特に話すことが苦手な場合は、その悩みをうまく伝えられずに苦しんでいることもあるので注意が必要です。

対応のポイント 落ち着ける環境でひとつひとつ確認しながら会話する

聞く/話すが苦手な子に見られる特徴

話したいことを頭の中で整理するのが苦手で、順序立てて話すことができない。聞いている側も何を言いたいのか理解できないことがある。

聴覚過敏が原因で他の音に埋もれて話がうまく聞きとれない。あるいは聞きとることはできても脳内での言語化に難があり、意味がわからないことも。

計算や推論が苦手

本人は努力しているのに苦手な計算を克服できない、算数の成績がなかなか上がってこない、といったケースもSLDの特性としてはよく見られるものです。たとえば、**計算式では正しく計算できても文章問題にされると間違いが増える、繰り上がりの計算ができない、図形や表を頭の中でイメージするのが難しいなど、苦手とする要素は人それぞれです。**また、読みとりが苦手なため、計算は正しいのに数字が間違っている、「＋－×÷」の記号を読み違えて間違ってしまうこともあります。

対応のポイント

つまづきの原因を理解し、
同じ目線で一緒に考える

計算や推論が苦手な子に見られる特徴や行動

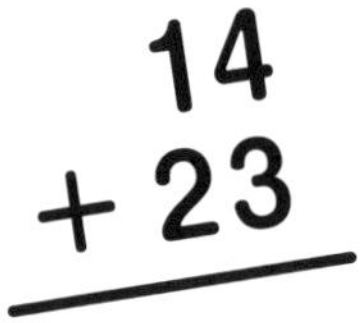

文章問題の読解に難がある、数字の単位が変わると混乱する、図形の推論が苦手など、つまずく箇所は人それぞれ。まずは苦手なところの特定から始めてみるといい。

スペシャリストコラム②

読み書きが難しい子どもたち

一般に「学習障害」と言われるSLDは、読み書きやそろばんがスムーズにできないことから目立つようになる。なかでも「識字障害」は文字を読むのが苦手な状態で、英語では「ディスレクシア」と言われる。一般的に使われる言葉であり、欧米人に識字に問題のある人がいかに多いかが想像される。

日本人は欧米に比べ、識字障害が少ないとされる。ひらがなの「あ」がそのまま「あ」と発音されるように、文字と発音が単一に結びついているため、単純でわかりやすいのだ。一方でアルファベットの「a」は発音がひとつではない。こうした言語の違いが欧米人の識字障害の多さと関係しているとも言われている。

字を書くのが苦手な状態を「書字表出障害」と言う。小学5年生でカナダに引っ越した日本人の子が書く字は非常に独特で、文字の間隔が不規則であるためとても読みづらいものだった。また彼は読むことも苦手でひらがなは読めるが、漢字やアルファベットはダメ。どうやら文字への感度に問題があるようだった。

中学生で字が書けないという子もいた。会話はスムーズなのだが、書字はまったくできず、いろいろと工夫してみたが、やるほどに本人を傷つけてしまう気がして、結局は会話主体の話し合いに切り替えた。これが奏功したのか本人の表情も次第に明るくなっていった。

明らかな障害とまではいかなくても書字や識字で苦労している人は多い。ベースに障害や困難がある場合、いくら練習をしたところで練習量に比例して上達するとは限らないのだ。

ある小学4年生の子は、書字困難で練習を続けていたが成果が上がらずにいた。ところが5年生になったら急に字が書けるようになったので、母親に話を聞くと、彼の祖父も子どもの頃に書字困難だったと言う。その祖父はのちに有名な菓子屋を創業して成功をおさめ、今は彼の父が2代目として切り盛りしているそうだ。学習障害があったことで、他の才能が花開いた一例と言えるかもしれない。

限局性学習症(SLD)との関わり方

苦手なところを理解する

読み書きの上達が遅かったり、勉強が遅れがちだったりするのは必ずしも子どもの努力不足が原因とは限りません。あまり捗っていないようなら、その原因となっている部分を特定し、よりわかりやすい方法を一緒に探してみましょう。

手取り足取りではなく見守る

苦手だからといって必要以上に手を貸したり、口を挟んだりするのはよくありません。子どもの様子がわかるくらいの距離で見守り、困っていそうなら声をかけてあげるといいでしょう。親が近くにいることで子どもも不安なく取り組むことができます。

特性に合わせて教材を選ぶ

子どもの特性に合わせて教材やサポート文具などを活用するのもおすすめです。1マスが大きく書きやすいノートや持ちやすい太さ、サイズ感の鉛筆、方眼の描かれた下敷きなど、発達障害の子ども向けに開発された文具もいろいろと登場しています。

わかりやすく絵や文字にして

聞きとりが苦手な子どもに対しては、言葉だけではなく文字やイラストを添えて説明してあげることで、聞き間違いや聞き逃しを減らすことができます。聴覚過敏がある場合は、静かな環境でゆっくり話すなどの工夫も必要になります。

つまずいたら一緒に考える

誰にでも苦手な教科やつまずきやすい問題というのはあるものです。手が止まってしまったときはその原因を一緒に探り、解法を考えてみましょう。考え方や覚え方など、ちょっとしたヒントを与えることで乗り越えられることも多いものです。

正しい話し方は会話のなかで

順序立てて話すことができない、主語が抜けることが多いなど、話すことが苦手な場合は、日常会話の中で話し方のルールを教えてあげましょう。正しい話し方に置き換えてあげることで、徐々にルールを覚え、改善していくはずです。

05 「子どもが発達障害かも……」と感じたらすぐに相談！

ひとりで悩まず、頼ることも大事

前ページまでは、主に発達障害の特性を持つ子どもたちに多く見られる様子や言動について紹介してきました。ここで挙げたものがすべてではありませんが、比較的わかりやすく一般的なケースをピックアップしているので、「思い当たるフシがある」「もしかして……？」と思った方もいるかもしれません。

しかし、ここでとり上げた**例に当てはまったからといって、必ずしも発達障害の特性を持っているとは限らないのです。**たとえば「おしゃべりが苦手」「収集癖がある」「落ち着きがない」といったいくつかの傾向は、程度の違いこそあれ、定型発達の子どもにも普通に見られるものだからです。

ただ、そうした言動が見られることで子育てに不安を感じていたり、言動の程度が強く（頻度が多く）子ども自身が生きづらさを感じていたりするようなら、今すぐに専門の支援機関や医師に相談することをおすすめします。専門家のサポートやアドバイスを受けることで子どもが持つ特性を知り、それを踏まえた適切な接し方や生活環境を知ることができます。また、発達障害の子を持つ**親ならではの悩みや、将来的な就学・就労といったプライベートな相談にも乗ってもらうことが可能です。**

お子さんの発達障害は、これから一生付き合っていくことになる個性のひとつです。家族の問題だと隠すのではなく、専門家や周囲の人々の力を借りながら、オープンに支えていくことが子どもの可能性を広げることにもつながります。

うちの子、もしかして…と思ったら

こだわりが強い
パニックを起こす
言葉の発達が遅い
急に立ち歩く

1 専門家に相談して、アドバイスを受ける

「もしかして?」と思ったら、まずは専門家に相談。必要な支援やアドバイスが受けられる。

2 子の特性に配慮した環境を整える

生きづらさを感じさせないための環境整備は大切。特に進路選択は専門家とよく相談を。

病院以外の相談・支援窓口

発達障害者支援センター

発達障害を持つ人への総合的な支援を目的とした専門機関。全国の都道府県、政令市に約100か所のセンターがある。

市区町村の保健センター

各市区町村に設置されている。子育て支援や乳幼児健診の受付窓口として知られるが、発達障害の相談なども随時受けつけている。

その他の相談先、支援組織など

各自治体が運営する「子育て支援センター」のほか、「児童相談所」や「児童発達支援センター」などでも発達障害に関する相談を受けつけている。

06

発達障害でも社会性を身につければ生きづらさを克服できる！

簡単なことからステップアップ

お子さんが発達障害の特性を持っているからといって、日々の生活のあらゆることを手取り足取りサポートしてあげるのは、必ずしもよいことだとはいえません。自分の身の回りのことやちょっとした家事のお手伝いなどの役割を与え、成功体験を積み重ねることで、**子どもは自信をつけ、それがひいては社会性の獲得や自立を促すことにもつながっていくのです。**たとえば、朝起きたらカーテンを開ける、食事の時間にお箸を並べるなど、最初のうちは簡単なお手伝いで構いません。慣れるまでは一緒にやったり、絵に描いて見せたりして、根気よく教えてあげましょう。その繰り返しでできることが増え、徐々に自分の身の回りのことも自発的にできるようになっていくはずです。

家の中でできることが増えてきたら、**今度は外でのお手伝いにもチャレンジしてみましょう。**住み慣れた家と違って外の世界には刺激が多く、想定外のイレギュラーも起こりがちです。しかし、そうした未知の経験が子どもの成長を促し、社会性を育むよい機会にもなるのです。左ページでは、ひとりでのお買い物デビューに向けた例を紹介しています。**まずは簡単なことから徐々にステップアップしていき、自立する力を養っていきましょう。**

余暇を充実させるという意味では、習い事に挑戦してみるのもおすすめです。球技などのチーム競技よりも、自分のペースで取り組むことができる音楽や絵画、水泳などが向いていると言われています。

ひとりで買い物をするための4つのステップ

❶ 絵や写真でイメージ

絵や写真を見せ、目の前にある物の中から同じものを選ぶ練習から始めてみましょう。慣れてきたら対象の品物を少し離れたところに置いて練習を。

❷ 目の前の品物から選ぶ

実際にお店へ行き、対象の品物がある場所へと誘導。広い店内で迷わないよう、入店したらまっすぐ目的の品物の売り場へ向かうこと。

❸ お店の中から探し出す

品物と売り場を覚えたら、今度は一緒に店内を探してみましょう。最初は売り場近くまで誘導し、慣れてきたら店内全体から探させるといいでしょう。

❹ 条件を細かく指定する

商品の銘柄や数量、サイズなどを細かく指定して、ひとりで探してきてもらいます。おいおい商品の状態や消費期限の確認などにも取り組んでいきましょう。

特別インタビュー

Vol.2

就労移行支援事業所を卒業後、社会人として働いているOさん。
今の仕事やこれからの目標について伺いました。

――仕事で褒められることはありますか？

Oさん：仕事が早くなって褒められることが増えました。ただ、人に余計なことを言ってしまったり、人のことばかり気になったりしていろいろと……。

――今の目標はなんですか？

Oさん：今、頑張りたいなと思っているのは清掃の検定2級を取得することです。ペーパーのテストもあるので、それに向けて勉強も頑張っています。

　プライベートでは一人旅ができるようになりたいです。今年で32歳ですし、1泊くらいだったら自分で計画を立てて旅行をしてみたいな、と。いつかユニバーサル・スタジオ・ジャパンに行ってみたいですね。

――貯金などはしていますか？

Oさん：今のお給料が13万円くらいなんですが、母と相談して、毎月少しずつ貯金は続けています。50万円くらいは貯まったと思います。

――仕事や家庭に関して何か思っていることや言いたいことはありますか？

Oさん：仕事に関してはこれからもっとスキルを磨いて、いろいろな仕事を任せてもらえるようになりたいです。いつかビルクリーニングの検定で1級をとりたいですし、事務仕事も覚えてキャリアアップして、もう少しお給料を上げていければなと思っています。

　家族に関しては……、将来的には自立してひとり暮らしができるくらいになりたいです。そのために洗濯や皿洗いなどの家事も手伝って、自分でできるようにしています。

――仕事を始めて自分で「変わったな」と思うことがありますか？

Oさん：以前はすごく太っていましたが、仕事をしていくうちに痩せることができました。家族との会話も増えましたし、今は仕事にやり甲斐を感じています。

　やはり仕事が順調だと生活が安定しているように感じますね。好きなものを自分で買うこともできますし。それと仕事が清掃なせいか、自分の部屋や家も以前よりきれいになりました。

――頑張った甲斐がありましたね。最後に一言お願いします。

Oさん：学生の頃はいろいろあって、つらい思いをしたり、家族とぶつかったりして、大変な時期もありました。何度か挫折も経験しましたが、今はこうして安定した職場で働くことができるようになりました。たとえ挫折を繰り返したとしても、自分を信じて諦めなければ、きっと道は見つかると思います。

PART ❸
発達障害の人が見ている世界

01

発達障害の人が見ている世界を知ろう！

〝普通〟が理解できないのは当たり前

発達障害の人は、定型発達の人とは違う特性を持っていることは、すでにお伝えしてきたとおりです。そのため、**同じ時間と空間を共有していても、定型発達の人と発達障害の人とでは、見ていること、聞いていること、感じていることがまったく違うことがよくあります。**

たとえば、「自閉スペクトラム症（ＡＳＤ）」の人の一部が持つ視覚過敏の場合、「コントラストが強い」「まぶしくて見にくい」「色がぼやけて見える」といったことが起きています。同様に聴覚過敏の場合、「些細な音が爆音に聞こえる」「周囲の雑音のせいで会話が聞きとれない」、嗅覚過敏の場合は、わずかな匂いでも「耐えられないほど臭い」といったこともあるのです。

つまり、定型発達の人と発達障害の人では〝見ている世界〟〝すごしている世界〟が大きく違うのです。まずは、この部分を理解しておきましょう。

そして、忘れてはならないのは、定型発達の人が発達障害の人の世界を理解できないのと同じように、発達障害の人は定型発達の人の世界を理解できないということです。定型発達の人からすると「空気が読めない」といわれる発達障害の人ですが、発達障害の人からすると「相手の気持ちを勝手に判断している」のが定型発達の人なのです。

世の中の多数派である定型発達の人の世界を〝普通〟とするのであれば、**発達障害の人は見ている世界が違うので、その〝普通〟を理解できないのです。**

知っておきたい発達障害の特性

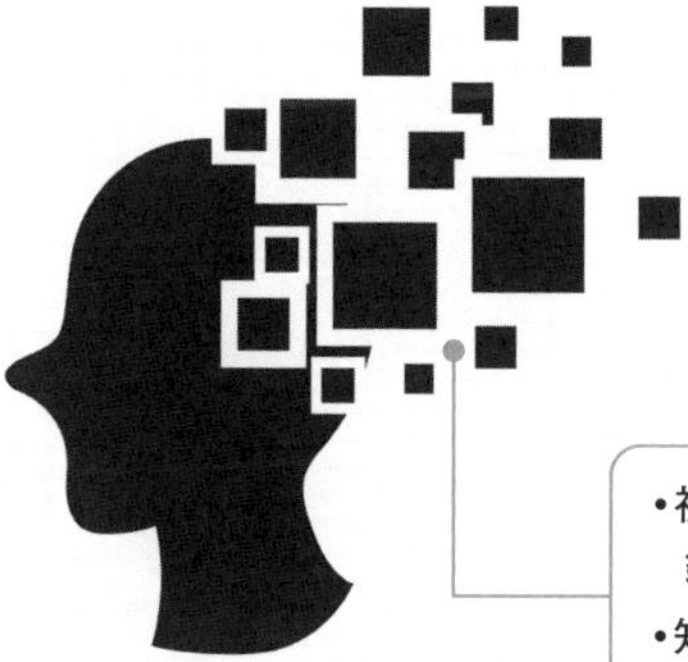

人や物の見え方、
物事の受け止め方や感じ方が
普通の人と異なるのが発達障害の人

発達障害の人は、生まれ持っての脳の特性の違いにより、さまざまな感覚が「定型発達の人＝普通の人」とは異なります。

- 視覚、聴覚、触覚、嗅覚、味覚が鋭すぎたり、鈍すぎたりする
- 知覚、感覚に対する脳の反応に偏りがある
- 時間の感覚が特殊　　　など

発達障害の人は同じ空間にいても
見ている世界が違うため
言動で周囲の人を困惑させやすい

- 場の空気が読めない
- 相手の表情から気持ちを読みとれない
- 相手の気持ちを想像することができない
- 相手との関係性を考えられない
- 相手の反応を読むことができない
- 言葉をそのままの意味で受けとる
- 集団行動ができない
- 約束や時間を守れない
- 人の話を黙って聞いていられない　　など

発達障害の人の見ている世界を理解することから始めよう！

発達障害の人が見ている世界と、定型発達の人の見ている世界には違いがあります。まずは、そういった特性を持っているということを理解しておきましょう。

02 大人になってから発達障害が発覚することも！

特性が見逃されることが原因

発達障害は、子どもが成長していく過程で発覚することが多く、かつては子どもだけの病気と考えられてきました。大人が発達障害と診断されるようになったのは、実は15年前くらいからで、「自閉スペクトラム症（ＡＳＤ）」「注意欠如・多動症（ＡＤＨＤ）」の診断基準が変わったことが影響しています。現在では、すでに10ページで紹介したように、**20歳までに発達障害と診断される人と20歳以降に発達障害と診断される人の割合は、ほぼ同じです。**

発達障害は生まれつきの特性ですので、「大人になってから発達障害になる」ということは起こりません。つまり、発達障害の特性は子どものころから現れていたはずなのですが、それがずっと見逃されてきて、大人になってから発達障害と診断される人がかなりの人数いるわけです。

おそらく、子どものころは「ちょっと変わった子」「落ち着きのない子」といった評価で見逃されてきたのだと思われます。それが、進学や就職などで環境が変化し、自身の責任が増え、他人との関わりも必要になっていくなかで、「なぜか自分だけうまくできない」「自分は人とはちょっと違う」と自分で気がついたり、周囲の人から指摘されたりすることで、発達障害であることが発覚すると思われます。

特に、女性の発達障害は特性の現れ方の関係で、男性の発達障害よりも目立ちにくく、気づかれにくいという特徴があります。そのため、大人になってから発覚するケースが少なくありません。

大人の発達障害

子どものころは個性や特性として見逃されていたり、許されていたりしたが大人になると自分でやるべきこと、やらないといけないこと、果たすべき役割が増えて、さまざまな問題に直面するようになる

時間や期日を守れない

仕事の失敗を繰り返す

忘れ物や紛失が多い

生活上の困難に直面したことで自覚したり、周囲から指摘されたりして「もしかして私も発達障害？」と気づくケースが多い

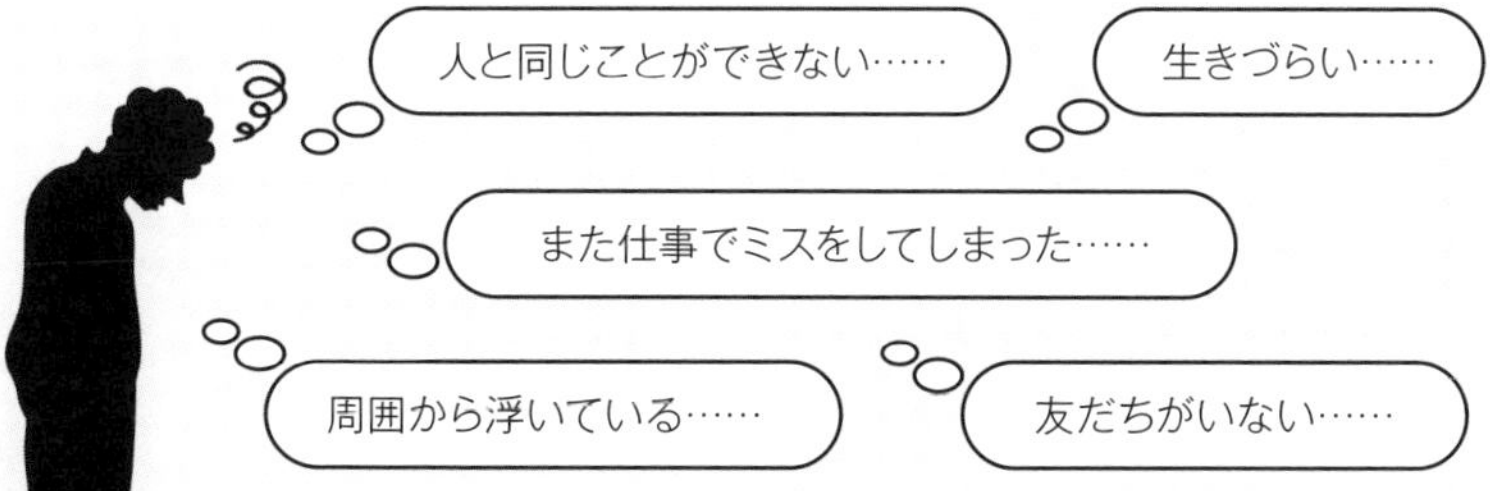
人と同じことができない……
生きづらい……
また仕事でミスをしてしまった……
周囲から浮いている……
友だちがいない……

大人の発達障害は、自己評価が下がり、自信を失ってうつや不安障害などの二次障害を発症してしまうことも……

大人の発達障害は、子どもとは異なり、「自分に何か問題がある」ことを強く自覚できるため、精神的な負担になりやすく、二次障害として精神疾患を発症してしまうこともあります。

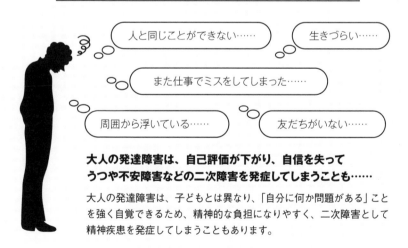

03

職場や学校などの身の回りにこんな人はいませんか？

イライラする前に理解しよう！

特定の対象に強いこだわりを持ち、相手の様子から感情を読みとることが苦手で、相手の言葉を額面どおり受け止めてしまいがちな「自閉スペクトラム症（ASD）」の人。気が散りやすいため忘れ物や紛失が多く、落ち着きがなくじっとしていることが苦手で、考える前に行動してしまう「注意欠如・多動症（ADHD）」の人。**こうした特性を持つ発達障害の人は、定型発達の人からすると驚くような言動をすることが少なくありません。**

いわゆる「空気が読めない人」「ちょっと困った人」と捉えられてしまいますが、それは多数派である定型発達の人たちの〝普通〟が基準になっているからに過ぎません。その基準をもとに、そういった人たちの言動にイライラしたり、怒ったり、呆れたりする前に、**彼らが「なぜそういう言動をしてしまうのか？」を理解することができれば、きっと違った接し方ができるはずです。**

そこで、ここからは「失言や暴言が多い」「コミュニケーションがとりにくい」「遅刻癖が治らない」「約束を守れない」など、具体的な事例を挙げながら、そうした言動の理由として発達障害の人の考え方、物の捉え方を説明し、心構えや対処法について紹介していきます。

発達障害の人も、自分の基準とは異なる定型発達の人の言動に対して、少なからずストレスを抱えています。お互いがその違いを理解できれば、相手を尊重してともに歩んでいくことができるはずです。

言動が少し「気になる」こんな人

ASD
ADHD

1 誰彼構わず思ったことを言ってしまう人

悪気のない正直さが関係を壊す原因に

「部長の今日のネクタイ、似合いませんね」――身の回りにこのような感じで、誰彼構わず思ったことをストレートに言ってしまい、場を凍りつかせる人はいませんか？

これは、相手との関係性を考慮する、相手の感情を読みとることが苦手な「自閉スペクトラム症（ASD）」の人がやってしまいがちなことのひとつです。定型発達の人は、目上である会社の上司に、なぜそんな失礼なことを言うのかが理解できません。そのため、言われた本人も聞いていた人も「えっ!?……」と絶句してしまいます。

ところが、**当の本人は「思ったことを正直に話しているだけ」**ですので、**部長をバカにしたり、おとしめたりといった悪気はまったくありませんし、失礼だとも思っていません。**

「そんな失礼なことを言ってはダメだよ」と注意されると、むしろ「自分が見ている事実と正直な気持ちを伝えることの何が悪いのか？」となって混乱してしまいます。それが、自閉スペクトラム症の人の感覚で、「事実を指摘しているのになぜ問題になるのか？」その理由が理解できないのです。

そこで、人間関係を基準に注意するのではなく、「正直なことは悪いことではない」ことを伝えたうえで、「仮に事実だとしても言われることで傷ついたり、悲しい思いをしたりしてしまう人もいる」ということを説明しましょう。きっと理解してもらえるはずです。

失礼な言葉にも怒らず冷静に対応しよう

本人は思ったことを正直に話しているだけで悪気がない

!?
部長のネクタイ
似合いませんね

自閉スペクトラム症の人は「事実や正直な気持ちを言うことの何がいけないのか」がわかりません。自分が言われても、それが事実ならば怒らないので、相手の気持ちが理解できないのです。

- **本人に悪気はまったくない**
- **相手との関係性よりも事実を優先**
- **怒られてもなぜ怒られたかが理解できない**

自分の意見や気持ちを正直に言えることを褒める

自分の考えを
言えるのは、君の
いいところだよ

正直な意見や気持ちを率直に言えることは、長所のひとつであると褒めます。まずは、そのことで注意されたり、怒られたりするわけではないことを、本人に理解してもらいましょう。

- **考えや気持ちをきちんと言えることは長所であると伝える**

相手の気持ちを考えることの大切さを伝える

でも、言われた
相手の気持ちを
考えてみることも
大切だよ！

仮に事実や本音であっても、言われて気分を害する人もいることを伝えます。人によって感じ方が違うので、一呼吸おいて話す、とりあえず何も言わないといった方法を教えましょう。

- **言われた相手の気持ちを考えることも大切であることを伝える**
- **とりあえず何も言わないこともひとつの方法として教える**

2 冗談や皮肉が通じない人

ASD
ADHD

「普通わかるだろう」は通じない

冗談や皮肉は、言葉の本来の意味とは異なる意味を含ませた表現です。定型発達の人は、これを理解することができますが、「自閉スペクトラム症（ASD）」の人は、**相手に言われたことをそのまま言葉どおりの意味で受けとってしまう傾向があるので、冗談や皮肉が通じません。**

同じ理由で、慣用句や例え話、社交辞令、婉曲表現なども理解することができません。たとえば、一緒にお酒を飲みに行ったものの、あまり盛り上がらなかったとき、別れ際に「また飲みに行きましょう！」という挨拶をするのは、定型発達の人同士であれば、「ああ、社交辞令だな」と察することができます。しかし、自閉スペクトラム症の人は、言葉通りに受け止め「嫌なんだけど、どうしよう……」となってしまうのです。

定型発達の人は、本音と建前を使い分け、ストレートな表現を避けることで人間関係を円滑に維持しています。しかし、発達障害の人は、常に本音で生きているので「なぜ、本心と違うことをわざわざ言うのか？」と疑問に感じてしまうのです。

そこで、**こうした特性を持つ人には、できるだけわかりやすく、言いたいことをストレートな表現で伝えることを心がけましょう。**

「普通わかるだろう」や「察してくれるよね」というのは、発達障害の人には通じません。この〝普通〟は、定型発達の人にとっての普通なので、発達障害の人にとっての〝普通〟とは異なるのです。

本音で生きているので建前がわからない

社交辞令を言わない

社交辞令は、相手との関係を円滑にするための儀礼的な褒め言葉や挨拶ですが、発達障害の人には、言葉の意味がそのまま伝わってしまいます。

遠回し表現を使わない

手土産を「つまらないものですが」と渡すのは慣習のひとつですが、そのままの意味で受けとるため、意図が読めずに混乱してしまいます。

皮肉や嫌味を言わない

皮肉や嫌味は、言っていることとは反対の意味を含ませた表現ですが、そのまま受けとってしまいますので、こちらの意図は伝わりません。

ストレートにわかりやすく伝える

言葉をそのまま受けとってしまう人には、本音をわかりやすい言葉で伝えましょう。ただし、言い方がキツくなりすぎないような配慮は必要です。

3 相手の気持ちを察することができない人

ASD
ADHD

言語外のメッセージは伝わらない

人のコミュニケーションは言葉が中心になっていると考えられがちですが、じつは、**コミュニケーションで重要なのは、表情や目線、態度、言葉の選び方、声のトーン、話すスピードといった「言語外のメッセージ」です。**こうした本来の言葉の持つ意味を超えて、別の意味を伝えるようになっているものを「メタ・メッセージ」と呼びます。「目が笑っていない」「目は口ほどにものを言う」といった表現は、まさにこのことを表しています。

たとえば、待ち合わせに遅刻してしまったとき、相手に明るい笑顔と高いトーンで「大丈夫！　気にしてないよ」と言われた場合と、表情を変えずに低いトーンでゆっくり「大丈夫……気にしてないよ」と言われた場合とでは、正反対の意味になることがわかるでしょう。前者は「本当に気にしていないから大丈夫」、後者は「本当は不愉快で腹が立つけれど、関係維持のために我慢しておこう」という意図が読みとれるはずです。

定型発達の人はこれを読みとれますが、「自閉スペクトラム症（ＡＳＤ）」の人は、これを読みとることが苦手です。そのため、言われた言葉をそのままの意味に受けとってしまうのです。

相手に思うところがあって、表情や声のトーンを使って「これは本音ではない」ということを伝えようとしても、発達障害の人には察してもらえないので、言いたいことはそのままストレートに伝えることがポイントになります。

言葉の情報しか受けとれない

表情や仕草、言い方では伝わらないことを理解する

定型発達の人は、関係性に波風が立たないよう表情や言い方など言語外のメッセージを含ませますが、発達障害の人はこれを読みとることが苦手であることを理解しておきましょう。

- **言葉をそのままの意味で受けとる**
- **声のトーンを読みとれない**
- **表情や態度から読みとれない**

自分の気持ちや理由をストレートに伝える

言葉の意味をそのまま受けとる傾向の強い人と話す場合は、自分の気持ちや考え、その理由をストレートに伝えましょう。ただし、キツい言い方にならないよう言葉は慎重に選んでください。

- **気持ちや考えをそのまま伝える**
- **言いづらいこともきちんと伝える**

（ただし言葉の選択は慎重に！）

必要なら要望や提案もきちんと伝える

こちらの希望や要望があれば、それもあいまいにせずストレートに伝えます。発達障害の人とのコミュニケーションでは、ストレートさが重要で、そのほうがわかりやすく、助かるのです。

- **どうしてほしいかをきちんと伝える**
- **あいまいな言い方はNG**

4 文脈や行間を読みとることができない人

ASD
ADHD

あいまいな表現は避けること！

日本語の日常会話では、「あれ持ってきて」「ちょっと待って」など、あいまいな表現が非常に多く使われます。定型発達の人は、全体の話の流れや相手の表情や言い方、周囲の状況などから、そうしたあいまいな表現が何をさしているのか、何を意味しているのかを理解することができます。

たとえば、「〝あれ〟はあの書類のことだな」とか「〝ちょっと〟なら3分くらいかな」といったように、いわゆる「文脈」や「行間」を読んで判断することができるわけです。

ところが、**言葉の意味をそのまま受けとる特性を持つ「自閉スペクトラム症（ASD）」の人は、文脈や行間が読みとれないため、指示代名詞やあいまいな表現が理解できないことが多々あるのです。**

そのため、「あれ」と言われても何をさしているのかがわかりませんし、「ちょっと」と言われても、それが何分くらいなのかがわかりません。そのため、具体的に何をしたらいいのかがわからず、行動に移すことができません。その結果、「鈍い」「勘が悪い」といった評価をされてしまいがちです。

しかし、当の本人もあいまいな表現に困惑していて、言われていることがわからないので苦痛に感じているのです。そこで、こうした特性の人と話す際は、**あいまいな表現や指示代名詞はできる限り使わないようにしたうえで、主語・述語・目的語を省略せず、かつ具体的でわかりやすい表現を使うように心がけましょう。**

具体的な表現以外は理解できない

指示代名詞は使わない

「あれ」「そこ」といった指示代名詞は、定型発達の人でも判断に迷うことがあります。発達障害の人はなおさらですので、使わないようにしましょう。

あいまいな表現は避ける

あいまいな表現は、発達障害の人には意味が伝わらず、困惑させてしまいますので、できる限り避けて具体的な表現を心がけましょう。

指示は具体的にする

発達障害の人に指示する際は、対象物、時間、場所などを具体的に伝えましょう。また、主語・述語・目的語を省略せずに話すことも大切です。

「暗黙の了解」は伝わらない

発達障害の人は、「暗黙の了解」「慣習」が理解できないので、こういう理由でこういうことをしてほしいときちんと伝える必要があります。

5 上の空で人の話を聞いていない人

ASD
ADHD

トラブルになりやすい特性のひとつ

話をしている相手が上の空で「ぼーっとしていて自分の話を聞いていない……」。こんな経験がある方は少なくないでしょう。もしかすると、その人は発達障害かもしれません。

「自閉スペクトラム症（ASD）」の人は、頭の中に自分の居心地のいい世界があり、興味のないことには意識が向かず、その中に入り込んでしまうことがあります。頭の中にある〝自分の世界〟に没頭しているため、上の空で話が耳に入っていない状態です。周囲の人から見ても「ぼーっとしていてまったく話を聞いていない」ことが明らかです。

また、「注意欠如・多動症（ADHD）」の人、特に「不注意優勢型」（24ページ参照）の人は、目の前のことになかなか集中できず、他のことに意識の焦点が合ってしまうという特性を持っています。そのため、自分が興味のない話には集中できず、会話中であっても目の前の話とは別のことに意識が飛び、頭の中でそのことについて考え始めてしまいます。そして、会話の流れに関係のないことを唐突に口走り、周囲の人を困惑させてしまうのです。

どちらの場合でも、話をきちんと聞いていないことが明らかなため、「聞いているの!!」と怒ってしまいがちですが、生まれながらの特性ですので、怒ったところで改善することはありません。そのため、**こうした特性を持つ人と話す際は、興味を持っている話題に関連づけて話す、聞いているかを確認しながら話すといった工夫が必要になります。**

タイプによって対処法を変えよう

目の前の相手以外のことに意識が飛びやすい（ADHD）人への対処法

注意欠如・多動症の人は、会話中でも他のことが目に入るとそちらに注意が向きやすい特性があります。そのため、大事な話をする際は、できるだけ集中できる環境を整えることが重要になります。また、相手が大人の場合は、「集中して話を聞いてほしい」と伝えることも必要です。

・本人の努力では改善できないことを理解
・怒らずに冷静に「人の話を聞いていないことがある」と指摘する

頭の中の自分の世界に逃げ込む（ASD）人への対処法

自閉スペクトラム症の人は、興味のない話をされると、頭の中にある"自分の世界"に逃げ込んでしまうため、できる限り興味のある話題に関連づけて、会話を進める必要があります。たとえば、興味のある話題の用語を使って例えるといった工夫をすることで、自分の世界から出てくるきっかけになります。

・本人に怒っても改善できないことを理解
・できるだけ興味の持てる話題に関連づけて話すようにする

6 約束や期日を守れない人

ASD
ADHD

物事に優先順位がつけられない

「約束をすっぽかす」「期日を守れない」という傾向は、「自閉スペクトラム症（ASD）」の人によく見られる傾向です。これは、「すべての物事を同じ重さに感じてしまう」という脳の特性の影響で、物事に優先順位をつけられないことが原因と考えられます。そのため、**やるべきことがいくつか重なった場合、どれが優先すべきものかがわからなくなってしまいます**。その結果、約束よりも他のことを優先したり、優先順位の高い大事な仕事を後回しにしたりして、約束や期日を守れないのです。

　また、「アンケートの集計」といった何かをまとめる仕事では、情報の取捨選択ができず、**要点をまとめるという作業が苦手なため、すべてを完璧に網羅しようと丁寧に取り組みすぎて期日に間に合わないというケースもあります**。また、内容ではなく書類の体裁、文字の大きさなどが気になってしまい、そちらを調整することに時間をかけてしまうことも少なくありません。

　そこで、自閉スペクトラム症の人に対しては、「いつまでに、何を、どうしなければいけないか」を、常に確認できる環境を整えてあげましょう。優先順位をわかりやすく伝え、スケジュールアプリのリマインド機能に登録してもらい、特に大事なことはメモを渡すようにしましょう。こうすることで、優先順位がわからなくなったら、確認してもらうことができるようになります。期日が近づいたら、一声かけてリマインドするというのも有効な方法です。

守ることができるようになる仕組みを整えよう

重要度をはっきりと伝える

何かを頼むときは、必ず重要度を明確にして伝えることを心がけましょう。特に一番大事なことは、はっきり最優先であることを伝えます。

リマインド機能を活用してもらう

スマートフォンのリマインド機能に「重要度」「期日」「やること」を入力してもらうことで、優先順位を意識し、忘れないようにできます。

特に重要なことはメモを渡す

絶対に忘れてはいけない重要なことは、メモにして渡すようにします。そして、目につくところに貼ってもらい、常に確認できるようにします。

期日が近づいたら一声かける

約束や納期が近づいたら、一声かけてスケジュールを再確認してもらうのも効果的な方法です。うっかり忘れも予防できます。

ASD
ADHD

7 忘れ物や単純ミスを頻発してしまう人

ミスをしやすいポイントを把握

忘れ物や単純ミスが多い人は、「注意欠如・多動症（ＡＤＨＤ）」のうち、**注意が次から次へと移り変わりやすく、外からの刺激にすぐ反応してしまうという特性を持つ「不注意優勢型」の人に多く見られます。**

この特性のため、何かをやっているときでも、別のことに意識が向いてしまい、もともとやっていたことを忘れてしまいます。たとえば、出かける支度をしている際中に電話が鳴ると、電話の内容に気をとられてしまい、支度のことは意識から離れてしまいます。その結果、カバンに財布などを入れ忘れるなどしてしまうのです。

また、誤字脱字や計算間違いなどの単純ミスを犯しやすいのも、不注意優勢型の特徴のひとつです。本人は一生懸命取り組んでいるのですが、どうしても不注意による単純ミスをしてしまうため、「いい加減な仕事をする」といった評価を受けやすく、悩んでしまいます。

そこで、こうした特性を持つ人には、**やるべきことをリスト化した「タスクリスト」を作る、仕事の順番と確認事項をまとめた「チェックリスト」を作る、単純ミスをチェックするためふたり一組で仕事をしてもらう、忘れ物防止アプリを勧めるなど、フォローできる仕組みを作りましょう。**

特性を変えることは難しいので、忘れ物や単純ミスを減らす仕組みを整え、ミスをしやすいポイントを常に意識してもらうことが大切なのです。

ミスを減らす仕組みを作ろう！

タスクリストを活用してもらう

毎日のやるべきことを時間帯別にまとめたタスクリストを作成します。常に確認してもらうことで、うっかりやり忘れることを予防できます。

次は何を
やるんだっけ？
いつでも確認できるよう、
時間帯別にやることのタスクリストを
スマホアプリで作成してあげる

チェックリストを作る

単純ミスを予防するため、仕事の手順や確認事項をまとめたチェックリストを作成し、必ずチェックしながら仕事を進めてもらうようにします。

LIST
仕事の手順や確認するべきことの
チェックリストを作成してあげる

仕事ではペアを組んでもらう

誤字脱字や計算間違いなどの単純ミスをチェックする人とペアを組んでもらいます。チェックしてもらっている間は、他の仕事を進めてもらいましょう。

チェックするから
次の仕事を進めて
わかりました
お願いします！

忘れ物防止アプリを勧める

忘れ物が多い人には、スマートフォンの忘れ物防止アプリを勧めましょう。紛失が多い場合は、紛失防止タグが効果的です。

・財布
・定期
・家の鍵
・メガネ
忘れては
いけないモノを
リストで表示

8 物事に集中できない人

ASD ADHD

気が散る原因をできるだけとり除こう！

「注意欠如・多動症（ADHD）」の人は、何かをやっていても、すぐに別のことに注意が向いてしまうという特性を持っています。たとえば、書類作成中にメールが届くと、そちらに気をとられて返信を始めてしまうのです。

　また、**「自閉スペクトラム症（ASD）」の人は、聴覚過敏を併発していることがあります。**周囲の会話や電話の音、雑音が耐え難い轟音になることがあるため、集中できない原因になります。

　そこで、こうした特性を持つ人には、**できるだけ集中できる環境を整えることが大切です。**注意欠如・多動症の人の場合は、机の上に気が散るようなものはいっさい置かない、周囲のことが目に入らないようにパーテーションで区切る、スマートフォンは音やバイブレーションをオフにするか、電源を切ってカバンにしまうといったことが効果的です。

　また、聴覚過敏のため周囲の音で集中力を削がれてしまいやすい人には、イヤーマフやヘッドフォンで遮音するといいでしょう。ヘッドフォンは周囲の雑音が聞こえにくくなる「ノイズキャンセリング機能」つきがベストです。

　そのほか、45分作業をしたら5分休憩といったように、**時間を区切ることで集中力を維持しやすくなります。**軽く体を動かすことで、集中力が向上することもわかっていますので、仕事を始める前、集中力が切れてきたタイミングで体を動かすことを勧めましょう。

集中力を保てる環境を構築しよう

時間を区切ることを教える

学校の授業のように、作業する時間と休む時間を明確に区切ることで、集中力を維持しやすくなります。時間の管理にはタイマーを活用しましょう。

- **時間を区切ることで集中力を維持**
- **タイマーを活用**

集中できる環境を整える

仕事机の上には何も置かず、パソコンの通知も切っておきます。また、スマートフォンは電源を切ってカバンなどにしまってもらうようにします。

- **机の上には関係ないものを置かない**
- **スマートフォンはカバンなどにしまう**

静かな環境を作ってあげる

聴覚過敏などが原因で、音に気をとられやすい人には、イヤーマフやヘッドフォンで遮音して、集中できる環境を整えましょう。

- **音に敏感な人には静かな環境を整える**
- **イヤーマフやヘッドフォンを活用する**

軽く体を動かす

軽く体を動かすことで、集中力が増すことが科学的に証明されています。仕事を始める前に、4分間、軽い体操などで身体を動かすことを勧めましょう。

- **4分間の運動で集中力が向上する**
- **集中力が切れてきたときも有効**

9 せっかちでいつもイライラしている人

ASD
ADHD

多動性・衝動性がせっかちにさせる

いつも何かに急き立てられているように気ぜわしく、ちょっとしたことでカッとなったり、イライラしたり。こんな怒りっぽい人、あなたの周囲にもいませんか？　もしかしたら、注意欠如・多動症（ADHD）の**多動性や衝動性に起因する「せっかちさ」がそうさせているのかもしれません。**

せっかちな人が些細なことでイラッとしてしまうのは、「周囲の人と時間の感じ方が違う」からだと考えられています。自分は普通で、周りの人たちがノロノロしていると感じているため、そのせいで自分のペースが乱されることにイライラしてしまうのです。特に仕事が立て込んで忙しいときなどは、相手が電話に出るのが遅い、メールの返信がなかなか来ないといった、ほんの些細なことでも腹を立ててしまうことも少なくありません。

このようにせっかちな人とうまく付き合っていくには、**相手のペースを理解し、それに合わせることが一番です。**たとえば待ち合わせは時間ピッタリに着くのではなく、10分ほど早めの到着を心がける。少し長くなりそうな話は先に結論を話し、途中の経緯や詳細は一旦後回しにする、といった具合。いずれもちょっとしたことですが、こうした工夫ひとつで相手を苛立たせることなく、互いに良好な関係性を保つことができるのです。また、せっかちな人のペースに自身をフィットさせていくことで、無駄を省いた思考や行動、フットワークの軽さといったよい一面が自然と身につくメリットもあります。

せっかちな人とうまく付き合うコツ

早めの行動を心がける

約束や待ち合わせは少し早めに到着。急なトラブルなども想定して「10分前行動」を心がけます。

行動を予測して先回り

万一の場合に備え、仕事の提案や回答は一案だけではなく複数案を用意しておくといいでしょう。

結論から話して無駄を省く

長々とした説明を嫌う人も少なくありません。最初に結論を話し、相手に求められたら詳細や経緯を説明しましょう。

“せっかち”がプラスに働くこともある

せっかちな特性がある人は、人とペースを合わせるのが苦手。自分のペースでできる仕事や役割を任せると大いに能力を発揮してくれます。

10 やるべきことを後回しにする人

ASD
ADHD

原因に応じた対応策でフォロー

毎日の家事や仕事などやらなければならないことがわかっているのに後回しにしてしまう。定型発達の人にもよく見られることですが、発達障害の特性を持つ人の場合、そうして後回しにしまうのには明確な理由があるのです。

やるべきことを後回しにしてしまうのは、発達障害でも自閉スペクトラム症（ＡＳＤ）と注意欠如・多動症（ＡＤＨＤ）に多く見られる傾向ですが、それぞれ原因は異なります。**ＡＳＤの人の場合、複数の事柄に対して優先順位をつけるのが苦手なため、どこから手をつけたらいいかがわからず、スタート地点で立ち止まってしまうのです。**

一方、**ＡＤＨＤの人は優先順位を決めて作業を進めることに問題はないのですが、他にもやるべきことが舞い込んでくると目移りしてしまい、本来の優先順位を見失いやすいのです。**どちらも本人にやる気がないわけではないのですが、結果的に時間に遅れたり、納期を守れなかったりすることも多く、たびたび周囲に怒られたり、迷惑をかけることに悩んでしまったりする人もいます。

それぞれのケースの対応策ですが、**ＡＳＤの場合は作業する順番や１日のタイムスケジュールを明示してあげることで対処が可能です。ＡＤＨＤの人には静かで集中しやすい環境を用意してあげると改善する可能性があります。**「障害だから」と簡単に諦めるのではなく、特性を理解して原因をとり除いてあげることが大切なのです。

障害に応じて対応策を使い分ける

自閉スペクトラム症（ASD）の場合

複数の“やるべきこと”に対して、優先順位をつけるのが苦手なので、作業する順番や納期をわかりやすく指示してあげると問題が解決する場合もあります。メモをとらせて何度でも確認できるようにすることも有効です。

○○○の件は、
今日15時までに
△△さんへ
メールすること
口頭での指示は
必ずメモをとっておく

注意欠如・多動症（ADHD）の場合

作業中に他の仕事が舞い込んだり、電話や来客で気を散らされたりすると、そちらに意識が移ってしまいます。パーテーションの設置や作業ブースの活用など、集中して仕事ができる環境作りを考えましょう。

作業ブースなら
集中してできるよ
あわわわ…、
あれもこれも
やらなくちゃ……

ASD
ADHD

11 臨機応変に対応できない人

「いつも同じ」であることが大切

自閉スペクトラム症（ASD）の人のなかには、「同一性の保持」と呼ばれる独特な時間の感覚を持っている人たちがいます。簡単に説明すると「今日は昨日と同じで、明日もきっと今日と同じ」といった具合に同じ時間が1年後、2年後も変わることなくずっと続いていくと感じているのです。こうした特殊な時間感覚を持つ人たちは、日常の中で起こるちょっとした変化も恐ろしく感じられ、臨機応変に対処することができません。たとえば、本棚の本の並びが変わっている、食堂でいつも座る席が空いていないといった些細なことでも戸惑い、強い不安を感じてしまうのです。他部署への異動や出向のような大きな環境の変化は、たとえそれが自身にとって大きなプラスになることでも、到底受け入れることはできないでしょう。

このような時間の感覚を持つ人にとっては、毎日が変わらずに続いていくことが心の安定につながっています。**本人が望まない場合、無理に変化を押しつけるのではなく、大きな変化がなく継続的に働ける環境や役割を与えて、その力を発揮させるべきでしょう。**また、ASDの人のなかには毎日同じ作業を繰り返すルーチンワークの方が集中できて向いていると考える人も少なくありません。本人が得意とする分野で安定的に活躍してもらい、ゆくゆくはエキスパート人材に育ってくれれば、まさに双方にとってウィンウィン。本人にとっては大きな成功体験となり、自信にもつながるはずです。

「望まない変化」より「変わらない安定」を

「変化」を「恐怖」と捉えてしまう

ＡＳＤの人の中には、事の大小に関わらず、日常が変化することに不安を感じてしまう人もいます。傍目にはメリットしかない昇進や異動も、本人にとっては耐え難い恐怖になってしまうこともあるようです。

安定的な仕事でその分野のエキスパートに

ルーチンワークは苦手、あまりやりたくないという人も多いですが、ＡＳＤの人にとっては集中して力を発揮できる理想的な仕事となる場合もあります。日々同じ仕事の繰り返しが心の安定につながっているのです。

12 喜怒哀楽に乏しい人

ASD
ADHD

表情に出なくても無感情じゃない

発達障害の特性を持っている人によく見られる傾向のひとつに、喜怒哀楽などの感情の起伏が表情に表れにくいことが挙げられます。その理由にはさまざまな説がありますが、**脳の神経細胞のひとつである「ミラーニューロン」の働きが弱いという説が有力なようです。**

この「ミラーニューロン」は別名〝モノマネ細胞〟とも呼ばれていて、主に他者の行動を観察し、それを自身も追体験しているような反応、共感をする役割を担っています。そのため「ミラーニューロン」の発達が十分でないと、相手の感情を読みとることができず、自身の感情を表すこともうまくできないのです。こうした傾向は発達障害のなかでも自閉スペクトラム症（ＡＳＤ）の人に多く見られ、他者とのコミュニケーションに苦手意識を持っている人も少なくないそうです。

こうした傾向のある人と接する際に特に注意したいのが、**感情が態度や表情に出にくいだけで、決して無感情ではないということ。**一見、表情の変化は乏しくても、心の中は定型発達の人と同様にさまざまなことを感じているので、それを汲みとり、共感を示すことが大切です。相手の感情を読むのが苦手な人でも、ちょっと大げさに身振り手振りを加えてわかりやすく示せば、気持ちはきちんと伝わります。職場などで周囲の目が気になるときはメールなどを活用してみましょう。顔の表情だけがコミュニケーションの手段ではないのです。

わかりやすい「表情・表現」で共感を

喜怒哀楽の感情が表に出にくい

いつも淡々としていて表情の変化が乏しいのもＡＳＤが持っている特性のひとつ。言葉の数が少なかったり、うなずくだけで無表情だったりしても、心の中ではさまざまなことを感じとっているのです。

少し大げさな言葉や表情でわかりやすく

相手の感情を読みとり、自身で表すことが苦手でも共感能力がまったくないわけではありません。少し大げさな身振りや言葉でわかりやすく気持ちを表現すれば、感情を共有することはできるのです。

13 感情の起伏が激しい人

ASD
ADHD

感情の制御は大脳皮質の働きによる

　112ページでは発達障害の特性により喜怒哀楽の感情が表情に表れにくいケースを紹介しましたが、それとは正反対に**感情の変化が激しく、衝動的に表情や態度に出てしまうタイプの人もいます。これは注意欠如・多動症（ADHD）の特性を持つ人に多く見られる症例です。**

　ADHDの人が時折見せる衝動的な感情の発露は、脳の中でも感情をコントロールする大脳皮質の働きが弱いことが原因のひとつとされています。そのため、不意に湧き起こった感情を現在の状況に合わせて適切に制御することができず、ほんの些細なことでも烈火のごとく怒りだしたり、場の空気を読まずに大声で笑いだしたりしてしまうことがあるのです。こうした衝動的な感情の発露は成長し、さまざまな経験を重ねるなかで、次第に影を潜めることがほとんどですが、まれに大人になってもそうした傾向がおさまらない人もいるようです。

　感情の起伏が激しく、それが表情や態度にも出てしまっているときには、**一度冷静になって自分を見つめ直すクールダウンの時間を設けてあげるといいでしょう。**落ち着ける場所に連れて行って気持ちが静まるのを待つ、お茶を淹れてひと休みするなど、気分を変えて原因を尋ねてみることです。

　感情を抑えるのは誰でも簡単にできることではありません。それが強い感情であればなおのこと。周囲に迷惑をかけない程度であれば、多少は大目に見てあげることも大切です。

ADHDに見られる感情の豹変

ＡＤＨＤの特性である衝動性が表情や行動に直結して現れてしまうことも少なくありません。これは脳の中でも主に感情や理性を司っている大脳皮質の働きが弱いためとも言われています。つまり、感情のコントロールが十分にできておらず、衝動を抑えることが難しいのです。特に小さな子どもに多く見られる傾向ですが、大人になっても特性がおさまらないこともあります。

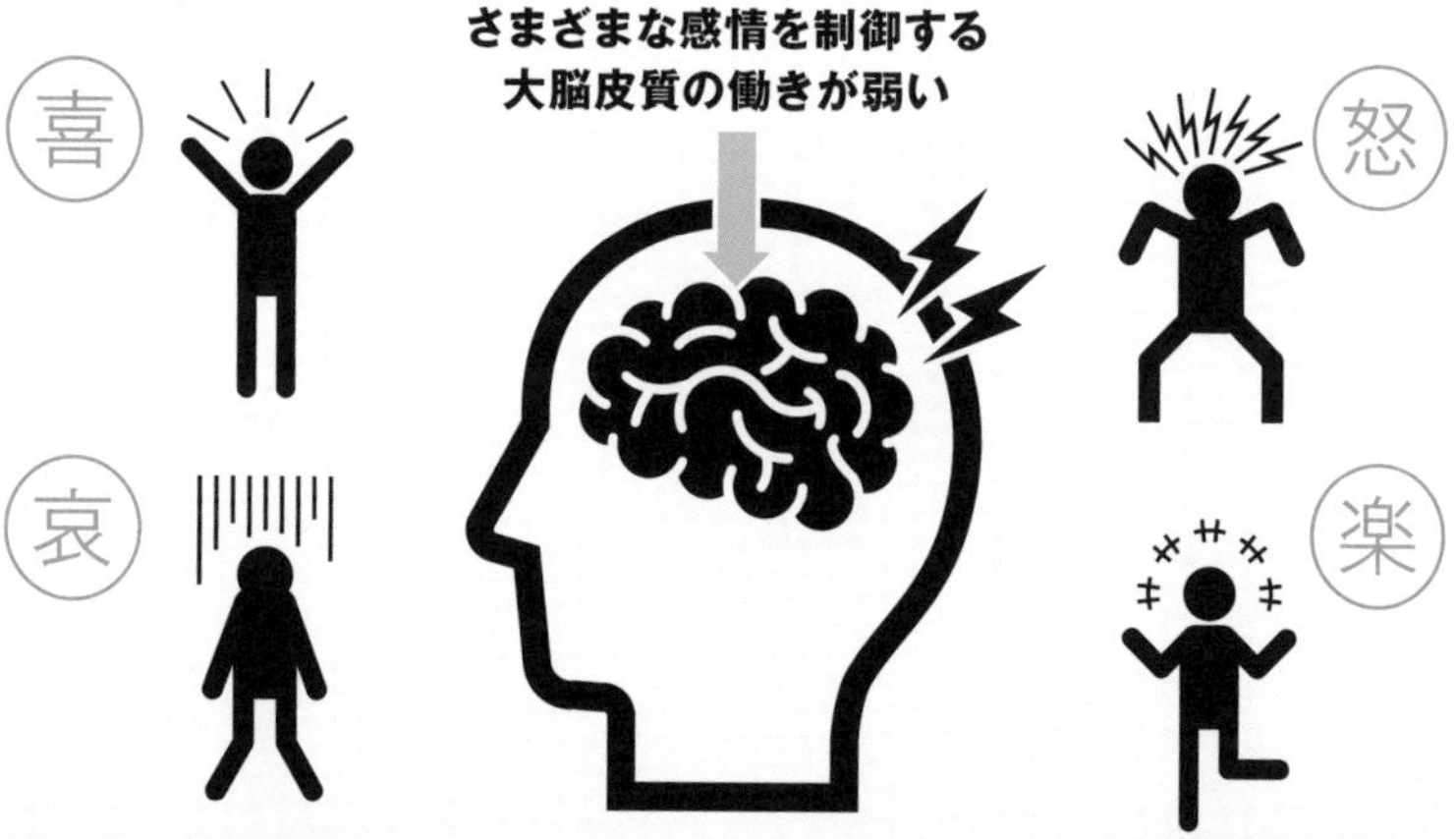

大脳皮質の働きが弱いと……

些細なことで激昂したり、急に大声で笑いだしたりと
そのときの気分がそのまま態度に現れやすい

まずは気持ちを落ち着かせて穏やかに話し合おう

感情が高ぶってしまったときは、まずは気持ちを落ち着かせましょう。

静かな場所へ移動して、気分が落ち着いたら原因を尋ねてみるといいでしょう。

14 新しい場所や環境を怖がる人

ASD
ADHD

変化するなら「小さく少しずつ」

自閉スペクトラム症（ＡＳＤ）の人の多くはこだわりが強く、「いつもと同じ」であることで安心感を得ると言われています。これは脳の中にある扁桃体という部分が定型発達の人よりも過敏で、**ほんの些細な変化であっても「不安要素」として過剰に反応してしまうためなのです。**

たとえば、いつもの通勤コースが道路工事のため迂回しなければならないとか、オフィスの模様替えで座席の場所が変わった、といった程度の変化は日常の〝よくあること〟ですが、ＡＳＤの人にとっては一大事で、強い不安を感じてパニックを起こしてしまうこともあるのです。

このように場所や環境の変化が苦手な人が身近にいる場合、**あらかじめ「いつもとは違うよ」ということをきちんと伝え、必要ならその理由も話して、変化への心構えをしてもらいましょう。**新しくできたお店へ行く、仕事で使う機材が入れ替わるなど、前もって予告をしておくことで、ある程度は不安も和らぐはずです。

また、可能であれば変化は「一度に大きく」ではなくて、「小さく少しずつ」の方が望ましいです。たとえ事前の説明があっても、本人の予想をはるかに上回っていたら、それは説明がなかったのと同じ。強い不安を感じてしまうのは当然です。まずは小さな変化から段階的に慣らしていき、それでも対応しきれないようなら一度「もとに戻す」ことも検討してあげてください。

環境の変化が緊張や不安の原因に

慣れた場所、慣れた道具のほうが安心

ＡＳＤの人はちょっとした環境の変化にも戸惑い、不安に感じやすく、ひどいときにはパニックを起こしてしまうこともあります。職場の機材や備品の入れ替え、交換などは安易に行わず、必ず本人に確認をすること。

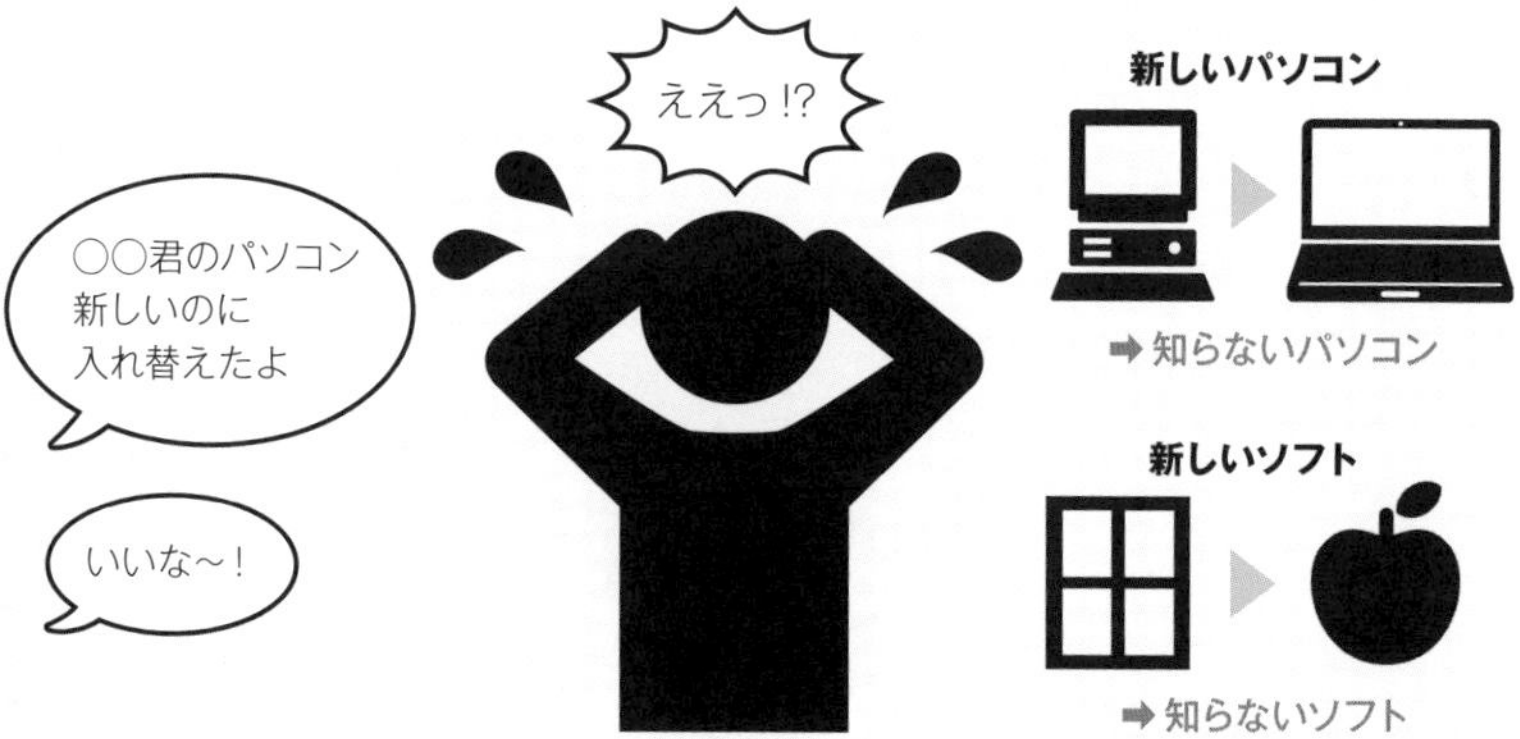

事前予告で不安を和らげる

誰でも突然の変化は不安や緊張を感じるもの。しっかり事前に予告をしておけば、ＡＳＤの人でも心構えができます。

小さな変化で慣れさせる

大きく環境が変わるとそれだけ対応も難しくなります。小さな変化で徐々に慣れさせるのがベター。

15 じっとしていることができない人

ASD ADHD

勝手な行動で怒られてしまうことも

長い時間じーっと座っていることが苦手で、無意識のうちに手足や体をモゾモゾ動かしたり、周囲をキョロキョロと眺めてみたり。そうかと思えば、突然堰《せき》を切ったように話し始めたりする人がいます。これらは発達障害のなかでも注意欠如・多動症（ADHD）の**多動性や衝動性が強く現れている人によく見られる症状です**。

人間の体が脳からの指示によって動いているのは皆さんご存じのとおり。脳幹という部分が体に対して常に「動け」と指示を出す一方で、前頭葉は今の状況を判断して、脳幹からの指示にゴーサインを出したり、抑制したりしているのです。多動性や衝動性が強く見られる人は、**この前頭葉の状況を判断する力が弱いために抑制が利かず、脳幹の指示するままに体が動いてしまう**、というわけです。

多くの場合、こうした特性は成長とともに次第におさまっていくものですが、まれに大人になっても落ち着きのなさや衝動的な言動が残ってしまう人もいます。じっとしているのが苦手な場合は、長時間のデスクワークや会議に縛りつけておくのは難しいので、こまめに休憩を挟むなどの対応を検討しましょう。また、**何か行動する際は事前に上司や先輩に確認するルールを設けることで、仕事上のトラブルを未然に防ぐこともできます**。ちょっとしたことでも気軽に相談できるような環境作りは、職場全体の風通しをよくし、士気を高める効果もあるため、仕事の能率アップ効果も期待できます。

衝動的で落ち着きがない人との接し方

じっとしていられない／思いつきで行動してしまう

いつもソワソワ、キョロキョロとして落ち着きがないのは、脳が出す指示に体が反応してしまっているだけ。つらそうなときは周囲の人が声かけをしたり、定期的に休憩を挟んだりといった対応をするよう心がけておきましょう。

行動する前に「まずは確認」を習慣化する

社会人の場合、個人の思いつきの行動が所属する組織や会社の評価を下げたり、ときには信頼を損なう結果になったりすることもあります。そうしたトラブルを防ぐためにも「まずは確認」を習慣化しておきましょう。

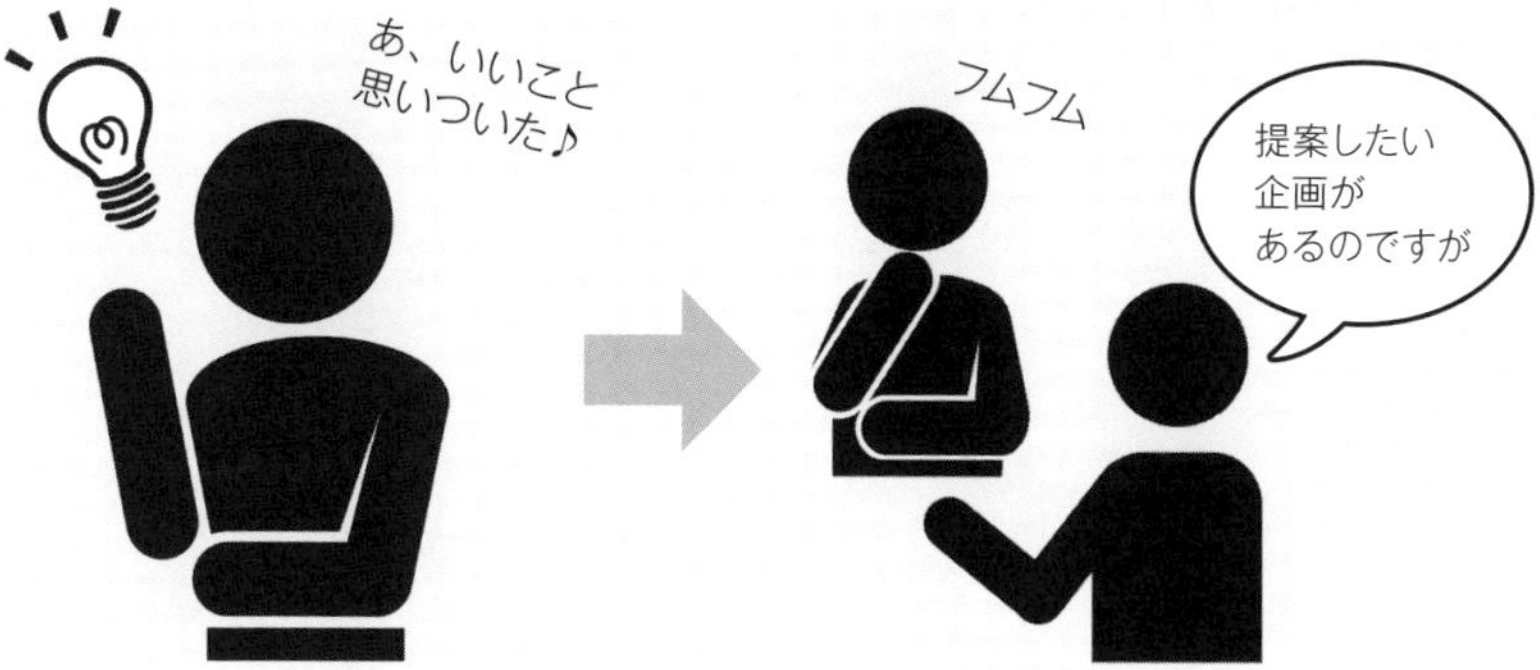

ASD
ADHD

16 好きなことに没頭してしまう人

没頭しすぎて生活が荒れる人も

趣味の世界に深くのめり込み、余暇や財産を惜しみなくつぎ込んでしまう。誰でもこういったオタクっぽい一面というのは持っているものです。しかし、そんなレベルでは済まないのが自閉スペクトラム症（ASD）の特性を持つ人たちです。**新たな趣味や興味の対象を見つけると、生活のすべてが「それ」中心になってしまい、まさに寝食を忘れて没頭してしまうことがあるのです。**

このようなケースでよく耳にするのが、スマホで手軽に遊べるソーシャルゲームや不特定多数のプレイヤーと仮想空間でつながるオンラインゲームにのめり込んだという話です。実際これらのゲームは中毒性が高く、一度ハマると抜け出すのは容易ではありません。ハマりすぎて社会的・経済的に破綻する人も後を絶たないといいます。こういうとき、定型発達の人なら、「明日も仕事があるから」と適当なところで区切りをつけられるのですが、ASDの人は「過集中」の状態になりやすいため、仕事や生活などの大事なことが見えなくなってしまうのです。

こういう様子を目の当たりにすると、自業自得と否定的な気持ちになるものですが、本人は心から楽しんでいるので、否定されれば溝は深まるばかりです。**まずは相手の趣味に理解を示し、そのうえでどうしたら普段の生活と両立できるのかを話し合ってみましょう。**常識に則ったスケジュールを押しつけるのではなく、本人の気持ちや意見もとり入れることで現実的な妥協点が見えてきます。

趣味の世界に「生き甲斐」を見出す人たち

ここが僕の
「生きる世界」だ
もうちょっと…
もうちょっとだけ
仕事は……
まぁ、いいか

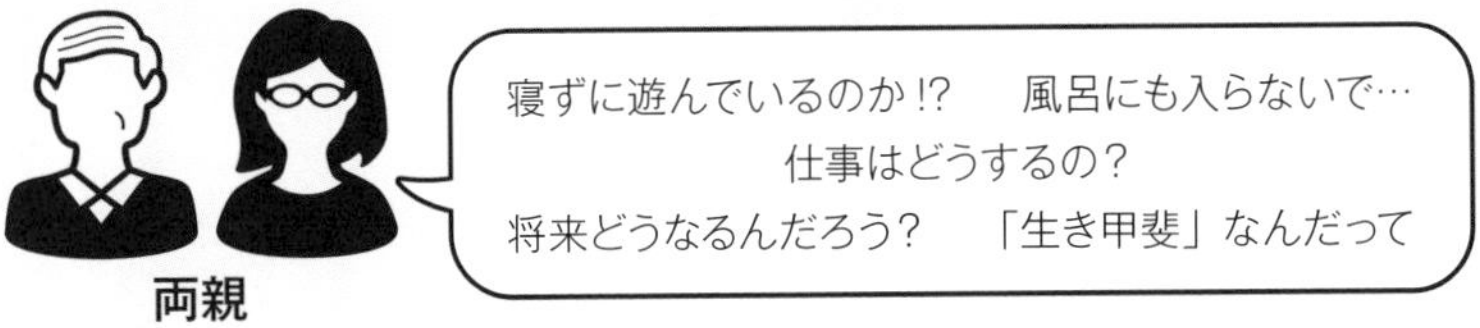
寝ずに遊んでいるのか!?　風呂にも入らないで…
仕事はどうするの？
将来どうなるんだろう？　「生き甲斐」なんだって

両親

好きなことに没頭して「過集中」の状態となり、それ以外のことが目に入らなくなります。食事や睡眠、明日の仕事など、生活の基本さえもどうでもよくなってしまうことも。

本人の意見を尊重しつつ、妥協点を探る

大事なのは趣味に理解を示し、応援する姿勢を見せること。そのうえで生活と両立させる方法を一緒に話し合っていくといいでしょう。

話し合いのポイント

- 最初から否定しない
- 応援する姿勢を見せる
- 生活との両立を提案
- 本人の意見もとり入れる　など

趣味も大事だけれど
スケジュールを
決めてみようか？

17 新しいもの好きで飽きやすい人

ASD
ADHD

刹那的な高揚感に逆らえない！

ショッピングが趣味という人は結構多いと思います。実際に購入までしなくても憧れのブランド品や季節のアイテムをあれこれと眺めているだけでも楽しい気持ちになりますよね。ですが、注意欠如・多動症（ADHD）で「新奇性探求」の傾向が見られる人は、趣味のショッピングも身近な人々が注意深く見守ってあげる必要があります。というのも**「新奇性探求」の特性は、興味や関心の対象がコロコロと変わり、目新しいものにも惹かれやすい**ため、少しでも魅力を感じたり、「欲しい！」と思ってしまうと後先を考えずに飛びついてしまう傾向があるからです。一方で「新奇性探求」は移り気な一面もあるため、購入してもすぐに飽きてしまい、また新たな高揚感を求めて別の品物に興味が移ってしまうことも少なくありません。ショッピングだけでなく、お酒やギャンブルにハマって身を持ち崩したり、依存症になったりする人がいるのも怖いところです。

このように衝動的に買い物を繰り返してしまう傾向が見られる場合、家族など身近な人たちと協力して「買い物ルール」を決めてあげるといいでしょう。たとえば、毎月のショッピングの上限額を決める、買い物は必ず現金払いにしてクレジットカードなどは持ち歩かない、商品を手にとる前に「本当に必要か」「同じような物をすでに持っていないか」をよく考えるといったルールをあらかじめ決めておくことで、買い物の衝動を抑え、無駄な出費を大幅に減らすことができます。

家族のサポートで衝動買いを未然に防ぐ

収入に応じた「買い物ルール」を決める

買い物の欲求は突然襲ってくるもの。一旦スイッチが入ると商品のことばかり考えてしまい、簡単に欲求を抑えられるものではありません。その衝動にブレーキをかけるための「買い物ルール」をあらかじめ決めておくことで、一度立ち止まって「これは本当に必要？」と冷静に考えられるようになります。

〈買い物ルールの一例〉

- クレジットカード、キャッシュカードは持ち歩かない
- 買い物は必ず現金で
- 買う前に「本当に必要か」をしっかり考える
- 迷ったときは買わずに家族に相談
- 自由に買い物できるのは毎月3万円まで

カード類は家族が管理

クレジットカードやキャッシュカードは現金と同じ。持っていると際限なく買い物ができてしまうので、普段は家族が管理し、必要なときだけ本人に渡す。

スマホ決済アプリは削除

便利なスマホ決済アプリだが、これも浪費の原因になります。アプリを削除するだけでなく、すぐ利用再開できないよう退会手続きもしておきましょう。

04

良い人間関係を築くには、周囲の「理解と配慮」が大切！

理解ある環境で唯一無二の存在に

本章では、大人の発達障害を持つ人々に多く見られるさまざまな特性や傾向、私たち身近な人にもできる適切な付き合い方、サポートのアイデアなどを紹介しました。発達障害を持つ人のなかには、他者とのコミュニケーションをうまくとることができない人も多いため、どのように接すればよいのか、相手にとってそれが適切なのか、難しく感じてしまうこともあると思います。しかし、**人の性格と同じで、個々の特性を正しく理解し、お互いに「こういう人なんだ」とわかり合うことができれば、日々の仕事や生活、コミュニケーションで失敗することも減らせるはずです。**よりよい人間関係を築いていくことができるのです。大事なのは「障害者だから」と先入観や偏見を持たないこと。そして理解する努力を惜しまないことです。

ここまでさまざまなケースに対して、上手な付き合い方や対処の仕方を紹介してきましたが、それらはあくまで「ひとつのアイデア」であり、絶対の正解ではありません。ともに社会生活を送るなかで、ひとり一人がその正解を見つけることができれば、彼らはさらに力を発揮できるようになり、活躍の場も広がっていくでしょう。**発達障害を持つ人には、創造性・独創性といったクリエイティブな才能や人並外れた集中力など、優れた一面を備えている人も多くいます。**そうした特性を生かせる職種や仕事に就くことで、その道のスペシャリストになることだって夢ではないのです。

周囲のサポートで活躍の場が広がっていく

期日が守れない
▼
納期や締め日は前もって伝える

仕事を忘れる
▼
必要な指示は文書やメールで行なう

マルチタスクは苦手
▼
複数の仕事を一度に頼まない

集中力がない
▼
気が散らない環境を作る

こだわりが強い
▼
理由を説明して納得してもらう

あいまいな表現は理解できない
▼
数や期限を具体的に指示する

特性に合った職種や業務でスペシャリストに！

多動性や衝動性は、見方を変えれば行動力があってフットワークが軽快。コミュニケーションが苦手でも集中力は人一倍など、発達障害の特性が弱点ではなく強力な武器となり、その道を極める助けになることもあります。

ADHD
- フットワークが軽い
- 好奇心が旺盛
- 想像力が豊か

➡ 企画・デザインなどのクリエイティブな仕事や営業職に

ASD
- 論理的な思考が得意
- 周囲に流されない
- 関心事への集中力

➡ 研究職やプログラマーなどの専門性の高い職種に

おわりに

子どものころから関わってきた、発達障害、知的障害と言われてきた人たちがいます。付き合いは20年以上になり、なかには30年をはるかに超えた人もいます。子どものころのイメージが変わらない人は少なく、この本に書かれているとおり、人との関わりや体験によって、変化、成長していく人がほとんどです。

小学校4年生のころから関わってきた人は、中学生以降の思春期は、不愛想な青年でした。専門学校に進み、就職したときも、何かに怒っているような声で話していました。何が不満なのかはよくわかりませんでしたが、付き合いは続いていました。

コロナ禍のあるとき、鉛筆画を始めると言ってきました。描くのが好きという話は聞いたことがありません。それでも描いたものを見せてもらいました。初めのころは、上手とは言えないものでしたが、重ねるごとに絵がうまくなってきたのです。最初は、静物画や町の風景などでしたが、それが動物になり、物語風へと変化していきました。絵の題材が広がるに連れ、その他にもバック転やボルダリングへと挑戦は進んでいきます。今では、泊まりがけで山に行き、トレッキングを楽しむまでになりました。もうすぐ30歳になりますが、仕事は休まず通い、趣味の世界も充実しています。

彼が、20歳半ばを過ぎてから、どうして意欲的に変わったのかはよくわかりません。周りの影響もあったのでしょうが、彼自身の気づきと成長が影響したと思います。

青年期になってから、ひとり旅に行くようになった人たちがいます。旅は人を育てます。自分で計画を立て、それを実行していかなくてはなりません。心細いこともあるでしょう。しかしそれを乗り越えて、旅は達成できます。

ある青年は、７泊９日の旅を計画し、実行しました。うまく話せない彼ですが、東京から北海道に行き、さらに寝台列車で大阪に出て、新幹線で家に帰ってきました。その旅程を聞きながら、わからない言葉で外国旅行をしたようなものだと感心しました。４歳のころから関わってきましたが、旅の体験をとおしての成長を深く感じました。

彼だけではなく、多くの青年たちに旅を勧めています。うまくいかないこともあるでしょうが、出発したら帰ってくるしかありません。この旅行で、本人が得られる体験は何にも代えがたいものなのだと思います。

人生を旅に例える人もいます。子どもたちや青年たちの成長を見るにつけ、旅の意味合い、深さを感じています。

【監修者紹介】
湯汲 英史（ゆくみ・えいし）

公認心理師・言語聴覚士・社会福祉士。早稲田大学第一文学部心理学専攻卒。現在、公益社団法人発達協会常務理事、早稲田大学非常勤講師、練馬区保育園巡回指導員などを務める。著書に『0歳～6歳　子どもの発達とレジリエンス保育の本―子どもの「立ち直る力」を育てる』（学研プラス）、『子どもが伸びる関わりことば26―発達が気になる子へのことばかけ』（鈴木出版）、『ことばの力を伸ばす考え方・教え方 ―話す前から一・二語文まで― 』（明石書店）など多数。

【参考文献】

『職場の発達障害』（著 岩波 明・PHP研究所）／『ちょっとしたことでうまくいく発達障害の人が上手に働くための本』（著 對馬陽一郎・翔泳社）／『眠れなくなるほど面白い 図解 臨床心理学』（監修 湯汲英史・日本文芸社）／『発達障害の人が「働きやすさ」を手に入れる本』（著 土野 陵、監修 益田裕介・フォレスト出版）／『発達障害の人が見ている世界』（著 岩瀬利郎・アスコム）／『「発達障害」と間違われる子どもたち 』（著 成田奈緒子・青春出版社）／『イラスト図解 発達障害の子どもの心と行動がわかる本』（監修 田中康雄・西東社）／『子どもの発達にあわせて教える6　イラストでわかるステップアップ　社会生活編』（監修 小倉尚子、一松麻実子、武藤英夫・合同出版）
※この他にも多くの書籍やWebサイト、論文などを参考にさせていただいております。

【STAFF】
編集 ―――――― 株式会社ライブ（齊藤秀夫／畠山欣文）
執筆 ―――――― 小日向 淳／青木 聡
装丁・デザイン ――― 鶴田裕樹（アイル企画）
カバーイラスト ――― 羽田創哉（アイル企画）
本文デザイン ――― 内田睦美
DTP ―――――― 株式会社ライブ
校正 ―――――― 聚珍社

心《こころ》と行動《こうどう》がよくわかる
図解《ずかい》 発達障害《はったつしょうがい》の話《はなし》

2024年4月1日　第1刷発行

監 修 者　湯汲英史《ゆくみえいし》
発 行 者　吉田芳史
印 刷 所　図書印刷株式会社
製 本 所　図書印刷株式会社
発 行 所　株式会社日本文芸社
〒100-0003　東京都千代田区一ツ橋1-1-1 パレスサイドビル8F
TEL.03-5224-6460［代表］

内容に関するお問い合わせは、小社ウェブサイトお問い合わせフォームまでお願いいたします。
URL https://www.nihonbungeisha.co.jp/

Printed in Japan　112240319-112240319Ⓝ01　(302012)
ISBN978-4-537-22196-1
（編集担当：藤澤）